增修

八字面相學

# 「智理文化」系列宗旨

「智理」明言

中華智慧對現代的人類精神生活，漸漸已失去影響力。現代人，大多是信仰科學而成為無視中華智慧者，所以才沒有辦法正視中華智慧的本質，這也正正是現代人空虛、不安，以及心智貧乏的根源。

有見及此，我們希望透過建立「智理文化」系列，從而在「讓中華智慧恢復、積極改造人性」這使命的最基礎部分作出貢獻：「智理文化」系列必會以正智、真理的立場，深入中華智慧的各個領域，為現代人提供不可不讀的好書、中華智慧典範的著作。這樣才有辦法推動人類的進步。我們所出版的書籍，必定都是嚴謹、粹實、繼承中華智慧的作品；絕不是一時嘩眾取寵的流行性作品。

何以名為「智理文化」？

佛家說：「無漏之正『智』，能契合於所緣之真『理』，謂之證。」這正正道出中華智慧是一種「提升人類之心智以契合於真理」的實證活動。

唯有實證了「以心智契合於真理」，方能顯示人的生活實能超越一己的封限而具有無限擴展延伸的意義。這種能指向無限的特質，便是中華智慧真正的價值所在。

至於「文化」二字，乃是「人文化成」一語的縮寫。《周易•賁卦•象傳》説：「剛柔交錯，天文也；文明以止，人文也。觀乎天文，以察時變，觀乎人『文』，以『化』成天下。」可見人之為人，其要旨皆在「文」、「化」二字。

《易傳》説：「文不當故，吉凶生焉！」天下國家，以文成其治。所以，「智理文化」絕對不出版與「智」、「理」、「文」、「化」無關痛癢的書籍，更不出版有害於人類，悖乎「心智契合於真理」本旨的書籍。

由於我們出版經驗之不足，唯有希望在實踐中，能夠不斷地累積行動智慧。更加希望社會各界的朋友，能夠給我們支持，多提寶貴意見。最重要的是，我們衷心期待與各界朋友能夠有不同形式的合作與互動。

**「智理文化」編委會**

# 增修八字面相學

## 溫民生　序

余自2006年始從吾師覺慧居士(張惠能博士)學習八字命學，轉眼逾十寒暑矣。

繼師去年委余以重任，參與增修其《八字心悟》，發行後得以一紙風行，今再囑余增修其融會八字十神，易經八卦之深蒂而創新之八字面相學《八面圓通》與讀者分享，正名為《增修八字面相學》。

《增修八字面相學》結合「面相學」以「八字十神」、『易經六龍』、中醫學理論、道家命功等，再配以《易經》的八卦而整理成一套新「面相學」系統，化繁為簡，意助讀者更易掌握明瞭「面相學」的基本原理，學以致用。

《增修八字面相學》內容比舊版《八面圓通》加倍充實，除了深入淺出地闡明內經與面相五官，十二宮開運法，易經六龍與流年面相，面相氣色大義，痣相平常談，頭面七神訣等面相主要領域；更輔以《荀子•非相》，八字十式，《易經》成功大智慧，修道真言（修行經典之一），《陰符經》（修行經典之二）等珍貴資料，方便學者貫徹瞭解面相學這門自古被視為複雜艱辛的學問。

一書而兼此豐富珍貴資料，確實是一本作為八字命相愛好者不容錯失的寶典。

余有幸再奉師命為此書作修訂並賦序，實有榮焉！

學生溫民生　恭謹頂禮。

# 溫民生介紹

筆者溫民生先生，1978年畢業於香港大學機械工程學系。畢業後取得專業工程師資格，歷任港鐵工程項目主管，房屋署屋宇裝備工程師等職。

溫先生向醉心玄學，2005年始先後從中州派王亭之老先生首徒蔣匡文博士、高徒葉漢良先生習玄空風水及紫微斗數，略有所悟。其後更因緣得遇覺慧居士於中華智慧管理學會，再拜師研習八字，距今已歷逾十寒暑。

溫先生也曾參與修輯覺慧居士再版《八字心悟》，及於中華智慧管理學會每年發報流年預測，並於2017年在學會開授「八字十式」。

# 覺慧居士介紹

張惠能博士（覺慧居士），香港大學畢業和任教，修讀電腦科學及專門研究人工智能。少年時熱愛鑽研易經、玄學及命理。廿多年來，深入研究及教授心得，未曾間斷。

覺慧居士「玄學系列」著作：《八字心悟》、《八字心訣》、《八面圓通》。覺慧居士「易經系列」著作：《周易點睛》、《易經成功學》。

# 增修八字面相學
## （原名：八面圓通）

### 原書自序：八卦即八個看相的原理

你可能不知道「相學」是中國五術中，最早形成的一門學問。相傳「相學」是由黃帝時代的風后始創的。由於歷史上風后的名氣大，年代又是最古，所以後人推崇他為相學的始祖，也有其道理，「相學」自古亦被尊稱為「風鑑術」。

中國歷朝歷代的開國君主、國師、大軍師、名將等，沒有不精通相人之術的，其中甚至被列入相學名家者有黃帝、周文王、姜太公、鬼谷子、黃石公、范蠡、張良、曹操、孔明、李世民、袁天綱、郭子儀、邵康節、劉伯溫、曾國藩等。他們都深深體會：能相人方可知人善任，方能成就大業的道理。

今天，相學不是僅僅用來算命，更能順應時代潮流，為人們提供具積極建設性的服務：如人事召聘、擇偶交友、挑選合作夥伴、培育兒童天資的發展等等，都可從「相」來「察其性情良窳及運否泰」，作出明智的抉擇，以達到立身處世最大的助益。

相學（面相、手相、體相、骨相、聲相、痣相）
是由觀察一個人的外在質素，即體形結構和身
體表面特徵，去推斷他這個人的整體質素和他
的未來機緣。個人的整體質素，即上天賜予他
的「命」；包括IQ、EQ、AQ、性格、外貌、體
質、健康、才能、家境、出身、婚姻、子女、
財富等人生的一切。更奇妙之處是人生的「運
程」，未來會遇到的機緣，在現實世界未發生
的際遇，亦可由「看相」推算得到。

我們常說「相不看不發」，難道去看相便可以使
人發達致富嗎？我看，頂多是替您看相的江湖
術士「發達」而不是您這個來看相的人「發達」。
所謂「相不看不發」是強調從看相的命理分析
中，更加認識自己的整體質素：「命」，和自己
所處的形勢：「運」。「知命、運命」就是能正面
地以平常心去接受自己的現狀，以平常心去看
清楚將來應走的方向，因時因機作出明智的選
擇和決定，將危機轉為生機，轉化生命中的苦
境為樂境，離苦得樂，趨吉避凶，心身自然「發
達」。

替人論相，應先批斷他的性格，再定他的命運，「察其人、觀其形。觀其形則知其性，知其性則明其心、明其心則知其道。觀形則善惡分，識性則吉凶著」，懷抱相同的命理態度，助來看相的人知命和運命。

所謂「性格決定命運」，要知道一個人的個性、健康、精神都與他的人生命運有著不可分割的緊密關係，與其迷信命運的好與壞，不如積極改變自己的性格和飲食習慣。相學能幫助我們真正認識自己，這一點才是人生成敗的關鍵，亦是相學的真正意義。在我的《八字心悟》一書中，已明確地指出「若您冀求轉化自己的生命，單從命理學的天空追尋，往往會遇上盲點，不能解答全盡渴望要知的疑問，例如：因果關係、修心養性、五行改造等。」我在《八字心悟》內亦附錄了幾項如何衝破命理學的極限的心得，其中的「飲食開運八法」及「修佛七大竅門」，是一個比較容易的起步點。在本書中，我也加上很多修心養性的元素，例如「十二宮開運法」重點地提出，如何把心性修正、把相改好。「頭面七神訣」則重點地介紹一些簡單易學的道家命功。「壇經禪法修行法要」則是借六祖惠能禪修之無上心法，還給大家一個心靈自由、生命圓滿的人生。

由黃帝時代到二十一世紀的今天，當中精通「相學」的人，可謂名家輩出，歷代能夠傳世的相學鉅著亦極多，為何我們要學好「相學」，仍是一段艱辛的旅程？古云：「蜀道難，難於上青天。」若改為「相學難，難於上青天」，其實也不為太過。

歷代能夠傳世的相學鉅著多不勝數，其中包括：太乙照神局（五代）、太清神鑑（五代）、月波洞中記（南北朝）、相學神異賦（宋）、人倫大統賦（金）、神相全編（明）、麻衣神相（明）、柳莊相法（明、清）、神相照膽經（清）、神相鐵關刀（清）、神相水鏡（清）、面相氣色何知歌、冰鑑（清）、相理衡真（清）、神相全篇（清）、公篤相法（民國）等等。前人累積的「相學」經驗和心得，為何我們看來都是那麼艱深，那麼難以掌握和應用的？可能是由於用我們不熟識的文言文書寫，是語言溝通上的問題吧？我認為這不是主因。

一般人學習「相學」，每每只注重具體看相的方法和經驗的累積，強記面上某一個部位代表甚麼命運，而少有深入探討「相學」的基礎原理，而坊間流傳的「相學」著作，亦鮮有闡釋理論。這樣捨本取末，不學行先學走，難怪學懂「相學」是一段艱辛的旅程。看來天下道理本來簡單，是人類複雜了它吧！

在本書，我嘗試把「面相學」跟「八字十神」、『易經六龍』、中醫學的理論、道家命功、等結合起來，衍生新的理論模型，發展新的「面相學」知識，補充原有概念不足的地方。我更大膽嘗試將「相學」的複雜理論，配以《易經》的八卦，整理出一套新的「面相學」系統，冀望能化繁為簡，助您明瞭「面相學」的基本原理。

## 【乾】相學是一門哲學

中國傳統之五術學說，背後都共通地有着一套中國文化中特有的五行理論體系：陰陽五行、生尅制化。五行理論構成了我們對宇宙萬物的基本元素、運動規律、結構與現象的精妙深刻之哲學。每一種五術都是建立於五行理論基礎之上，再加上各自獨有的一系列完整的方法和技巧，用以測定每一個人『生命符號』的內涵訊息及意義。

中國相學作為五術學說之一，五行理論當然也順理成章地成為了其中心之哲學觀及推論時之具體相理法則。就是說不論是一個人的骨、肉、形、神、氣、色、聲、音、動、靜，無不在體現了五行理論中的生剋制化的關係和原理。而其中又以『五行形相』最能具體直接地運用了五行的形體、性格、氣質、顏色、聲音、外貌特點等來概括性地觀察每一個人並作出基本分類。這種『五行形相』是最重要的，是相學基礎。第一章『正五行面相學』，開章明義，故以乾卦配之。

## 【坤】八字面相論十神

中華命理學建基於陰陽五行論，是古人將無數批命所累積的「臨床經驗」數據，歸納整理後，修正理論而來的成果。「十神論」可稱得上是命理學的哲學、命理學的科學。命理學上「十神論」準確性相當高，不足為奇。把十神應用到面相學上，是面相學之一大突破。八字面相十神，能涵攝萬物，包容萬象，呈現大地之象，故以坤卦配之。

## 【震】面相五官即五管

『五官』其實本源自『黃帝內經』。官者，管也、能也。所謂：耳管采聽、眉管保壽、眼管監察、鼻管審辨、口管出納。震卦為雷。雷是上天加諸於在人類的磨難，人間隨時都有着『雷』在等着管教我們，目的是希望我們開悟智慧，排除執着。五官者，即五管也，故以震卦配之。

## 【巽】十二宮現緣生緣滅

巽卦所謂之風起雲湧，正象徵着生滅滅生。亦代表聚散無常，緣生緣滅。正如人生的富貴窮通、聲聞名達、心身康泰，都在十二宮中一一表達著的，這些何嘗不是人生之緣生緣滅呢？所謂觀以往而察將來，是以十二宮各宮位之氣色變化，代表着萬緣俱一一呈現。要學習不強求，沒有執着，既惜緣又隨緣，方能看破、放下、自在。故十二宮以巽卦配之。

## 【坎】應時變化，面相流年

流動者活水，可象徵應時變化之大智。易經六龍就像人生六個階段，若觀察龍的變化過程，將這個六龍乘時變化的宇宙定律融入流年面相中，便可以輕易地道出人生的成住壞空，以解決在看流年面相時常會遇到的死穴。應時變化看面相流年，故以坎卦配之。

## 【离】心念光明，神安氣壯自色明

相理衡真云：『七情出而發於皮膚之內，始則為氣，定則為色。』氣色是因七情六慾所發，其形成之基本原理，為『心理影響生理，生理影響氣色』，亦即是『有諸內必形諸外』之大道理。『神安則氣壯，氣壯則色明』。當一個人能做到既修心且修身，靈性自能開發，氣色自然會變好，運勢自會轉化。此即『七分天命，三分人事』之改運心法也。人的貪、嗔、痴為三毒之邪火，若沒有般若智慧慈悲加以轉化昇華，容易造成諸惡業。修行人要燃點正念之火，正火即是光明、即般若智、即慈悲。第六章『面相氣色大義』，心念光明，靈性開發，氣色自然會變好，故以離卦配之。

## 【兌】從痣相說不完美的人

所謂『面無好痣』、痣是因為從中醫角度來看，面上的痣是體內器官病變的訊號。兌上缺、代表澤、即眾多生命聚集之處、亦即所謂紅塵世界。天地尚且有缺，正如『月有陰晴圓缺，此事古難圓』，又何必自尋煩惱呢？要知道天下間最不完美的人，就是追求絕對完美的人。能像澤般包容一切，接納一切不完美，才是最清淨的心。第七章『痣相平常談』，接納不完美，故以兌卦配之。

## 【艮】修心養性、人相改運

古書有『心相』之說，所謂『有心無相、相由心生。有相無心，相逐心滅』。所以相學中有『人相改運學』之出現，亦是五術改運學中最強而有效之方法之一。例如：能心常安樂，笑口常開、和顏悅色，自能受人歡迎，百事美滿，常得貴人扶持了；相反若心常不安，愁眉滿面、或猥猥瑣瑣、教人討厭，自然命途多桀，小人多遇。第八章『頭面七神訣』，出自道家修仙要典黃庭經。表面是在修頭面七神，實暗藏性命雙修，修心養性的大法。故以艮卦配之。

我把看相的程序，有系統地編為八卦部曲，方便您們應用。倘若能掌握清楚這八個部曲在面相上的意義，依循其正確的步驟，將理論實踐，大家一定都能做到看相論命論運時，得心應手。那麼要做到「相學簡，而天下之相理得矣」又有何難哉？

# 增修八字面相學
## 目錄

# 【乾】第一章：正五行面相學

# 【乾】第一章：正五行面相學

以「陰陽五行」的哲學理論將人類的外形、相貌、性格，劃分為不同的類形，是「面相學」最基礎的心法，其重要性可媲美【乾】卦在《易經》八卦的位置。【乾】卦是自然的法則、宇宙的定律，而「五行形相」則是面相學的法則、面相學的定律。

## 第一節　「四診心法」的五形口訣

中醫認為人的外表，無論是體形結構、面部特徵、以及神、色、氣等，都能直接反影他的內在生理健康狀況和心理性格。中醫診斷病症的理論方法稱為「四診心法」，「四診心法」即「望、聞、問、切」四套心法，詳細記載於《四庫存書》內的一本有關中醫學的書籍裏：《醫宗金鑑》。

《醫宗金鑑》成書於公元1742年。在公元1739年，清朝乾隆皇帝下令太醫院院判吳謙，率領太醫院內三、四十個精通醫學兼文理的太醫，歷時三年編纂而成的。《醫宗金鑑》全書共分90卷，其中一卷《四診心法要訣》是中醫「診斷學」的典範。中醫這套「望、聞、問、切」的診斷心法，經歷數千年的臨牀考驗，依然仡立不倒，若能應用到相學上，定能增強我們相人的功力。

我在這裏先引述《四診心法要訣》內的「色合形」口訣，給您們參考，初嘗如何以「陰陽五行」的哲學思維，整體地、概括性地劃分不同的面相類形。口訣如下：

1. **方正：金形潔白**〔面色與膚色為潔淨白潤之色，聲音和潤〕，**五正五方**〔金之形方正。所以頭面、身材及四肢較正正方方，個子適中，方正輕小如一塊方金〕。**五朝五偏，潤削敗亡**〔得金之正形者，骨堅肉實，其五官骨骼必向內朝護而堂堂正正，此為貴相。如得其偏者，其五官骨骼必向外露陷而尖削不正，此乃敗亡之相〕。**居處靜悍**〔金性靜而強悍〕，**行廉主剛**〔性廉潔，個性剛正〕。**為吏威肅**〔金性肅殺，所以作官嚴肅有威儀〕，**兼小無傷**〔如能有方正朝潤之相，即使頭身較小，也不損金形之正體〕。

2. **瘦直**：**木形之人，其色必蒼**〔蒼者青黑也，聲音高暢而宏亮〕。**身直五小，五瘦五長**〔身材瘦直挺拔，直立不曲，如一株筆直大樹，骨節突出，頭部及四肢瘦長而小，面部上闊下尖，眉目清秀〕。**多才勞心，多憂勞事**〔溫和仁厚，多憂勞事〕。**軟弱曲短，一有非良**〔若一有形質乾弱曲短，皆非良材也〕。

3. **圓滿**：**水形紫潤**〔面色與膚色為紫紅（黑）而光潤，聲音緩急不定〕，**面肥不平**〔面部肥胖、眉粗眼大〕，**五肥五嫩**〔水之象廣大。所以頭面、身材及四肢形狀圓滿肥厚，肉多骨少〕，**五秀五清**〔水之性滋潤，所以皮膚細嫩。水之質清，所以頭貌及身相清秀〕，**流動搖身**〔五行中水主流動，所以常搖動其身，富有想像力，聰明活潑〕，**常不敬畏**〔水主險，故不懷敬畏謹慎之心〕，**內欺外恭**〔水之性下，所以常外示恭敬而內裏欺人〕，**粗濁主廢**〔如果相格及神氣粗濁，就失去水形之長處而無能了〕。

4. **尖露**：**火形赤明**〔火紅光明也，聲音燥烈〕，**小面五銳**〔面部較小。頭、額、鼻、面、口，皆如火上尖下闊之尖銳相，額窄頦寬〕。**反露偏陋**〔五官外露，如火性之外露，鼻子高大而露孔，毛髮較少〕，**神清主貴。重氣輕財**〔性情屬陽之故〕，**少信多慮**〔火易變故少信〕。**好動心急**〔情感激烈，易使性子，不善抽象思維〕，**最忌不配**〔火形人最忌神癡、氣濁、色暗〕。

5. **敦厚**：**土形之狀**，**黃亮五圓**，**五實五厚**〔黃色而光澤，聲音渾厚悠長。頭面、身材及四肢，圓實渾厚〕，**五短貴全**〔頭面、身材及四肢，若圓實厚短，為發達之象〕。**面圓頭大，厚腹股肩**〔腹部、臀部、肩部如土厚實之形狀〕。**容人有信**〔包容他人，有信用〕，**行緩心安**〔行動平穩緩慢，冷靜況着，才智平平，但心境較為安定〕。

形與色的配合要得宜，才屬上佳的形相。《四診心法》有關的形與色的口訣也甚有參考價值，我特此引述：

**形色貴乎相得，最忌相勝**〔五行之形與色最要相配，最忌受尅相勝〕。**形勝色微**〔如形的五行尅勝色的五行，為較輕的疾病〕，**色勝形重**〔如色的五行尅勝形的五行，為嚴重的疾病〕。**至勝時年，加感則病**〔如色的五行尅勝形的五行，也要到尅木（如庚辛、申酉年）之年，再加上感染外邪風寒才會致病〕，**年忌七九，猶宜慎恐**〔年忌者，謂五形之人，形色相勝者，凡至七歲，是為年忌。積九遞加至十六歲，二十五歲、三十四歲、四十三歲、五十二歲、六十一歲，皆年忌之年也。當此之年，加感為病則甚。故曰尤宜戒慎恐懼也〕。

## 第二節　五形心悟

「形」與「色」只是「五行」在運動和相互作用下，呈現在人體的其中兩種狀態，其他的還有：聲、味、液、情、臟腑等。擁有單一五行的人，屬於五行氣專純的一族，該種五行所象徵的特質，無論是優點或缺點，在他們身上，都極為明顯。但是五行氣專一的人，少之又少，所以在實踐「面相學」的理論時，必須五行兼合來看才會相得準，原則是「以某氣較旺為主，餘氣輔之」。我先解釋五行氣專純的相人心法，然後才解釋複雜的兼合看法，這樣您們可以較易地領悟箇中原理。

這套五形心法，是我結合「八字命理學」、中醫學、和「面相學」的理論，印證大量批命的數據後，心有所悟而形成的。

1. **金形人【面方耳正，骨堅肉實，色白氣清，金也】**

   金，五行排列最高。剛毅，兼有韌度。金木水火土以金居第一，木傷不了金，水傷不了金，土也無法改變金的本質和密度，即使金被火熔化，也只能改變它的形體，金的分子結構，仍然不改。由此可知金的權重性、抗壓性及領導性之強。

金形人，心肺強，氣度也強。血氣旺盛，做事不受他人影響。

因為氣旺，身形（包括骨架、臉形、手指）紮實，白嫩且圓，説話聲音鏗鏘有力。

珠圓玉潤金形手。手掌如金子表面般光滑、紮實，指尖相對較為圓錐形，手掌下部也會較小。

金主義。金為權勢、領導。個性堅毅不屈，性情較急燥，但處事能沉着應戰，精明幹練，態度嚴肅，貫徹目標。剛健主動，控制慾強，性好掌權，自我領域性強。個性權威始終如一，絕不退讓。

金形人若命格越高，越能剛柔並濟，能屈能伸，正所謂「百煉鋼繞指柔」。

飲食方面，「辛」氣入肺，「辛」使氣旺。基於所有調味料，不分中西，皆入氣血，可歸類為「辛味」食物。所以金形人飲食偏向味濃，一定不是淡口味的傾向。這樣的飲食習慣，容易導致肺氣虛旺，形成燥熱的體質而不自覺。金形人應改為多喝水，味道以清淡為佳，才能把體內火熱的氣排走。

另外，中醫養生學主張「金以酸補之」，即是説「酸」使氣收斂，可以平衡金形人偏向氣過旺的問題。但是金形人天生偏偏多不愛吃酸味的食物，因為酸能腐蝕金，難怪有此傾向。

2. **木形人【上濶下尖，鬚眉清秀，形體瘦直，木也】**

強肝。木主肝，肝主酸，酸為收斂的物質。所以身形會如木之收斂、乾瘦，骨形明顯、僵直、身體不易放鬆。

木形人，下巴削尖，小小的頭，瘦長的臉，長長的脖子。一般缺水，故皮膚不會呈現水質的潤滑。

骨節分明木形手。手掌又長又大，側面看來手形較單薄，手指可以很長，骨節分明，膚質看來較粗糙和乾枯。

説話聲音收斂。不會慌張，柔和退讓，不愛爭功，不和人作對，不投機。

木主仁。木形人廣結善緣，善於人際關係。
但不善與人爭吵，不像金形人那樣強勢。
木形人進取心重，會做事，但太情緒化，
脾氣不穩。另一方面，由於肝主謀略、膽
生決斷，所以木形人善於深思，可以算是
個理想的智慧家。

飲食方面，木形人不喜味濃，偏吃清淡，
亦會不知不覺間較多吃酸性食物。酸入肝
傷筋，形成筋緊，肌肉變硬，消瘦乾枯。

運動方面，若傷筋骨，也會較易傷及肝腎。

3. **水形人【眉粗眼大，肉肥骨輕，氣靜色玄
者，水也。】**
腎水足但又嫌水氣過多。

水形人，色較黑，頭形較大，後腮較寬，
臉看起來水嫩圓滑，呈現着滋潤的狀態。
肩較窄小。

水氣鬱積時，陽氣避。陰寒盛，腰部和關
節便會疼痛和行動不靈活。「陽行於四肢，
陰走於五臟」，陽氣少則四肢易出問題。
陰本該下沉下泄，水氣重則陰停滯於腹中，
形成腹脹不適。

身形水潤有彈性、圓豐、線條圓滑柔和。水的水嫩，與金的白嫩結實不一樣。若水形人缺水，不會展現豐潤，但仍呈現水潤肌膚。

肉肥鬆軟水形手。手掌很豐滿，水份較多，所以鬆軟不結實、欠彈性，手指關節也不明顯，指尖亦不會太靈敏。

水主智。水為靈活、權變。水形人會說話，面面俱圓，與人相處圓滑。由於水是順勢而生，水形人對外善於應變，但由於組織力弱，故對內卻不善於領導。

水聲圓而清，急而暢達。

水形人若不懂得帶剛，會流於膽小，閃縮及沒擔當。

飲食方面，鹹味生水，滋養腎。水形人較偏吃鹹，但鹹味過多會傷血。所以水氣重的人一定不可吃太鹹，否則容易導致高血壓。並非只有鹽，才是鹹味的食物，例如豬肉、鵝肉、蠔、螃蟹、海鮮、栗子等的五行屬性皆為鹹。鹹味入腎臟，水氣重的人便不宜多吃了。

## 4. 火形人【上尖下濶，頭尖鼻尖耳露目露者，火也。】

強心，造血強，血脈充足，剛中帶柔。火形人靈活，不只身體，舌頭也一樣靈活。由於心通腑於小腸，故吸收力佳，食慾也好。

身形膨脹、紅熱、圓且長。聲音像一股熱氣放出，不沉厚，也不響亮。

火形人，手掌形瘦，側看厚，手指尖銳，但鼓脹紅熱。掌形一定較大，脹脹的，手指亦很鼓脹，手指的間節環不明顯，手心紅熱。

火主禮。性格本色為溫煦、明亮、有禮、融化，是最佳的協調高手。個性是溫溫的不會偏激，給人一種成熟的感覺，也可說個性較悶。火形人精力充沛，外向，鬥心重，但並不火爆，並不難相處。因火主禮，反而是時常壓抑自己，火氣不會外發，只會內燒，縱使與人有衝突時，火形人也不愛與人爭長短，但對身邊親蜜的人則另作別論了。

火亦為文明之象，故火形人非常注重外表，喜歡美麗的東西。

火形人，火不旺的，由於身形較渾圓厚實，容易被誤判為水形人。主要分別在於，火象徵心肺功能，火形人體內燥熱之氣會較多；水則象徵腎功能，水形人屬虛寒形。

火形人神色清明者，主貴。如神癡、氣濁、色暗，必為多憂慮、好動心急、缺乏信用、不善理財之輩。

火形人，火旺的，臉色紅潤，身體熱呼呼。火不旺的，體內仍有餘溫，外表不會顯紅潤，面色失去光澤，但是外形仍不出火形膨脹的基本架構。

心最怕散氣，食酸可以收斂，防止了心氣散逸，這便是「木生火」也。

5. **土形人【形體敦厚，骨重肉實，土也】**
   脾胃旺。土形人消化系統強旺，肌肉、筋骨自然長得壯。

脾胃主濕潤，且五味皆收納，不緊繃，也可以說是廣納廣收，所以如土之載物，身形較沉重。

臉會有稜有角，兩腮凸出，頭大肩寬，不會有長脖子，腹部也橫大，肌肉結實。

方寬厚實土形手。土形人的手掌是方形、寬廣，肌肉厚實、硬，手指粗廣短厚，手的顏色比較黃，手指不會呈現尖細的指甲，而是大且硬的指甲。

土主信。沉着包容，個性也較土直。土形人最大愛，最寬容，能包容萬物。需要有一個規則或示範去跟從，如果沒有一定的規則，他們會不知所措，所以土形人絕不是天生的藝術家。土形人較操勞，不是愛美或享樂主義者，屬於務實、踏實，事事親力親為的工作者。土形人最大的缺點是反應不夠靈敏，與水形人正好呈相反的對比。

音質一般無法清亮，總帶啞沉，沙啞之聲，如土之沙粒般。

女性若為土形,則外表多生男相。

土在五行之中為不動之狀。土形人若神清氣朗,主富主貴;若神短氣失,多為好吃懶作之輩。

土形人較好收納,甚麼都吃,故要節制食量,切勿飲食過量。

## 第三節　五行兼合之相

五行之氣專一者極少,所以要相人相得準,必須領悟五行兼合的相人心法。凡相人的五行,均須以「**氣較旺為主,餘氣輔之**」的原則推斷。

五行兼合的相人心法,是先判斷出第一層主架構(**氣較旺為主**),然後才判斷第二層特質(**餘氣輔之**)是甚麼。第一層主架構是天生的骨架,無法改變。第二層特質是會改變,且能影響第一層主架構。透過修行,可以改變第二層特質,因而可以改變面相。第一層主架構就好像「八字命理學」的先天命局,而第二層特質則好像「八字命理學」的歲運。能透過修行來改變歲運,用歲運來帶動命局的修正,即是「運命」,即是不受命運的操縱。

在判斷第一層主架構時，要注意五行旺、衰的差異。倘若先天命局缺水的水形人，含水不足，外形無法像先天命局水旺的人一樣圓滿肥厚，但仍呈現水潤肌膚。水形人不論是水旺或缺水的，都是體質較虛寒形，因為水始終是他們的主要架構。

至於火形人也有火旺、火滅的差異。火形人火旺時臉色紅潤，身體熱呼呼。火滅者，體內仍有餘溫，外表不會顯現紅潤，面色失去光澤，但是外形仍然不出火形尖露及鼓脹的基本架構。火形人不論是火旺或火滅，體內燥熱之氣會較多，體質絕非虛寒形，因為主要架構始終是火。

五行兼合的看相方法，神相鐵關刀的《五形五局篇》有詳細的描述：

金形：掌圓厚，指節圓，掌色潤。如頭圓面微方，色白，合格也。如面紅是帶火。如面黑是帶水。如面黃是帶土。如面瘦青是帶木。

水形：掌肉浮脹軟滑，節不露，微露筋，指短
而圓。如面浮脹，身肉浮胖而黑，眼露
沉濁，正格也。如面紅是帶火。如面白
是帶金。如面黃是帶土。如面瘦青，多
鬚眉髮，是帶木。

木形：掌瘦指長紋多。如面紅是帶火，額高面
長鼻長，是木火通明之格。如頭圓面略
小方，是帶金。面色白，亦帶金。如面
黑唇紅，紋深身黑，毛光黑，是帶水。
如頭平鼻豐掌厚，身胖面青黃，是帶土。

火形：掌瘦指尖，色紅而熱。如面赤微寒，髮
焦眼赤，全火也。如面青，是帶木。如
頭骨太重，是帶金。如面方厚黃是帶
土。如面白而圓是帶金。

土形：掌方厚，指方短，八卦現。如頭平地閣
方，鼻大身胖肉實，不露筋，是土之正
格也。如面紅帶火，頭尖亦然。如面尖
瘦，是帶木。如面圓色白，是帶金。如
面上臃腫，色黑是帶水。

中國相術一般以為「相兼為生則吉；相兼為尅則凶」，例如在《神相水鏡集》便記載了類似的吉凶判斷方法。

金生水：水得金生，利名雙成；
　　　　智圓行方，明達果毅。
水生木：水木相資，富而且貴；
　　　　文學英華，出塵之器。
木生火：火遇旺木，鳶肩騰上；
　　　　三十為卿，功名蓋世。
火生土：土添離火，戊己丙丁；
　　　　愈暖愈佳，其道生成。
土生金：金逢厚土，足實足珍；
　　　　諸事營謀，遂意稱心。

金尅木：木形多金，一生剝落；
　　　　父母早刑，妻子不成。
木尅土：土形重木，作事無成；
　　　　若不夭折，家道伶仃。
土尅水：水形遇土，忽破家財；
　　　　疾苦連年，終身迍邅。
水尅火：火形水性，兩不相並；
　　　　尅破妻兒，錢財無利。
火尅金：金人火旺，財散如塵。

這個吉凶判斷方法，其實是**高度概括性的**，既不符合五行的原理，亦違背了「知命、用命，而達致改造命運」的大方向大原則。所以大家應該多實戰，批判性地運用這個高度概括性的判斷，絕不可習非勝是。

五行兼合的相人心法，用作分析性格，準確度極高，是「面相學」極重要的入門基礎。開始實踐時，請謹記：一定要用「**刪除法**」，不要採取「絕對法」。「刪除法」是從幾種可能是的五行中，先刪除可能性最微的，然後再從剩下的選擇中，挑選可能性最微的，依次刪除，如此重複，直到不能刪除為止。

必須對五行的基礎架構，具有高度敏鋭感，才不會判斷錯誤。五行的變化多端，實須經常實驗，經常印證理論，方可成就。

## 第四節　五行兼合之性格分析

先判斷第一層主架構的五行，然後批斷第二層，以第一層的為主，第二層的為副，跟據五行專純者的性格特徵來綜合分析，謹記原則「**氣較旺為主，餘氣輔之**」。

1. **金為主**

   **金水**：金為主、水為輔。金為水之母，金生的水是大水，堅毅中有水的權變，善於對外運作。但主架構始終是金，難有水的柔軟，反而有水的強勢，不發則已，一發不可收拾。自我的地域性很強，不容外人侵佔，尤其當發揮母性時。金水人是嚴父兼慈母形。

   **金木**：金為主、木為輔。金人嚴肅，木主收斂，故金木人特別嚴肅、冷酷、無情。金木人少與人互動。金雖硬，木易斷，內心世界兩相矛盾，不易敞開心胸。主軸仍是金，仍帶有金的強悍性。

   **金火**：金為主、火為輔。金、火俱為陽氣，金火的人，目中無人，或許表面溫和悶不吭聲（火主禮），其實心內卻孤傲自大，自以為是，是眾多金形之中，最強悍的一種，有天下唯我獨尊的行事作風。金火人，是美食專家。

金土：金為主、土為輔。土為金人生母，土會掩蓋金的特質，使金的光彩黯淡，故較不注重外表，但個性仍是不折不扣的金形個性；堅毅不撓。此乃本質所致，然而因有土為輔，會較包容寬鬆，又因土能包容萬物，金土人和其他任何一形的人都可談笑自若，能成為羣體中發言的主角。

**2. 木為主**

木火：木為主、火為輔。由於木生火，火源源不絕，火勝於木。故結構上以木形為主，行為上則呈火的性質。故有燥熱於內，悶燒於內的特性，易導致胸悶。火旺亦代表善於調解人事，融洽別人，是公關的高手，能滔滔不絕。木火通明為文明之象，故不會是兇猛性壯碩形，亦不是戰鬥性霸氣形。木火人一般缺水，屬腎陰虛，脾胃也不甚強健，故胃口也如木形人般較小。

**木土**：木為主、土為輔。木形人收斂，土
形人四平八穩，故木土人較甘之如
飴的安守在平安的環境之中，不會
做衝動之事。此乃木生長於土上之
象，本來就是不易移動，屬於安定
的性格。木土人並不小氣，只是較
謹慎、節制、收斂。木土人宜養氣，
平常要多吃一點辛辣味的食物。

**木金**：木為主、金為輔。木金人結構上、
性格上都以木形為主，代表此木為
能耐攻剋的上等木材，木中之強者，
這與金木人的強金砍弱木是不同的。
木金人有木形人的內斂，又帶金形
人的剛強，個性是外柔內剛，不會
隨意附和他人，有主見，會思考。
與金形人一樣講究美食與外觀，但
食量不大。

**木水**：木為主、水為輔。水生木為逆向生。
結構上、性格上都以木形為主，但
亦吸收了水的冷寒，故較隱藏自己，
較不主動。血氣較差，秋冬季時外
寒內虛，濕氣易滯留體內，形成腎
陽虛，故平常要多吃一點溫熱及辛
辣味的食物。

**3. 土為主**

**土金**：土為主、金為輔。土金人因化土成
金，故較像金形人，為土形中最強
勢者。個性不屈不撓，可是不懂變
通，過度土直，沒有金形的能屈能
伸性格。土金人不愛笑，長得結實，
而不肥胖。

**土水**：土為主、水為輔。土為主架構，水
在土上流，水自然懂得轉彎，流得
順暢。故土水人既帶土的寬厚，但
個性上較圓滑，亦善於交際應酬。
常能退一步，而使自己海闊天空。
但由於土尅水，頭腦有時不靈光，
尤其面臨抉擇時，易自亂陣腳。因
土能滋養萬物，食量大，天生脾胃
強，心血也旺。土水人要控制食量，
否則極易過胖。

**土木**：土為主、木為輔。土為主架構，木
尅土故內心會較矛盾。木主收斂，
故土木人不善於表達。土的本質受
樹根緊緊抓住，不鬆散不流失之象，
故行事作風較保守踏實。胃口不大，
健康方面要注意肝與胃的協調。

土火：土為主、火為輔。土為主架構，火
生土為逆向生。土火人的個性因火
而燃燒，個性上較溫溫的，言行亦
是溫溫的，不會太土直，也不會與
人起衝突，但內心卻是悶燒的。燥
熱於內，要注重調和，才不致內火
過熱。

## 4. 水為主

水木：水為主、木為輔。水為主架構，水
生木，木性主仁。水木人個性較溫
和，亦因木受水滋潤而不會太木訥，
加上外形長得圓嫩，漂亮大方，極
討人喜愛。但肝腎皆為陰性，故體
內易殘留水而成腐木，體質屬虛寒
形，女士則多生婦女病。

水火：水為主、火為輔。水火人如有滾燙
火熱的水在身，個性較燥，無法穩
定，尤其在濕熱季節，情緒起伏較
大亦較易耍強出頭。身體上容易形
成內虛熱，體溫上亦較難調節。

**水土**：水為主、土為輔。水為主架構，水
受土尅，水流不暢之象。故水土人
內心也較易矛盾，像魚不能得水。
水受土阻，說話亦土味十足，思考
層面亦不易看得廣，不易轉變，此
為水形中較差之象。身體內的水氣
容易停滯不消，要多吃辛辣味的食
物，才可增強肺氣，氣動推水，血
液循環才能好，方能帶動「土生金
生水」的循環。

**水金**：水為主、金為輔。水為主架構，加
上金水順生，水金人為極強勢的水。
金於其內，不形於外，有自己的想
法和堅持。水金人如一張水刀，其
超級的強勢甚至可以斷綱。加上水
的權變特性，使水金人極懂得因應
情勢而作出順應。

**5. 火為主**

**火木**：火為主、木為輔。火木人是大火中
木在燃燒，木供火源源不絕，火旺
極之象。火木人個性是明顯的較為
沈悶，身體會呈現如木的較乾燥外
表，及如火的較溫熱現象。

火水：火為主、水為輔。火水人與水火人容易混淆，但相比之下，火水人的聲音比較悶，水火人由於以水為主之故，較善於口燦蓮花，滔滔不絕。

火土：火為主、土為輔。因為火中帶土，防礙了火的向上延伸，故更形內斂且不易外放。火土人第一個表現為行、住、坐、臥都一定是溫溫的，說話會停頓而不連續。土性也被火燒得乾燥，行事作風趨向更保守。只要不激怒火土人引發火山爆發，他絕對是個好好先生。

火金：火為主、金為輔。火金人較火形人剛強，沒有了火形人往內悶燒的性格，因為金的關係，反而剛形於外，掩蓋了火的特質，態度上也是剛毅果決的。火是心火，金是肺氣。火金人的心火、肺氣俱旺，不易降溫，是善於吃辛辣食物的一族，故平常要多吃一點酸性食物來協調，均衡一下，才不會心火、肺氣過旺。

## 第五節　五行兼合之簡單應用：「十字面形」

「十字面形」是簡單地將人的面形分為十種，方便初學者用最短的時間提綱挈領，將人的性格粗略分類。「十字面形」包括：「由、甲、申、田、同、王、圓、目、用、風」十種。

若從正五行形象來看，「同」為金，上中下三停平均，面形長濶比例約為三比二；「甲」為木，面形是上停濶下停窄；「圓」為水，面形呈圓形；「由」為火，特點是上停窄下停濶；「田」為土，上中下三停平均，面形長濶比例約為一比一。「同、甲、圓、由、田」五類面形，為五行氣專純的徵象，即正五行之象。

五行兼合的面形，包括：「申」面形，上停窄下停窄，為木火兼合；「王」面形，方正而三停交界處凹入而窄，為火土兼合；「用」面形，近似「同」字面形，但下停不平均，形成面部子午線不正，地閣偏向，鼻曲口斜，如被火融化的金，為火金兼合；「目」面形，三停濶度均等，但高度較長，比例約為三比一（俗稱馬面），為金木兼合；「風」面形，上停下停皆濶，中停窄，頰肉下垂，為水火兼合。

「十字面形」除了可將人的性格粗略分類外，若能參透五行的基理，亦可運用到中醫「望診學」上，預測病人罹患疾病的傾向。如：「甲」字面形，額頭寬廣，下巴尖窄，象徵易患腎虛心火炎的疾病。又如：「圓」字面形，多由於水液的新陳代謝失常，水濕滯留，除了面目皆圓之外，身體其他部份也易受到水濕的侵襲，水滯留久了，會導致氣滯血瘀。

「十字面形」預測可能罹患疾病的傾向，現歸納如下：

1. 「同」字面：心肺強，血氣旺盛，主福壽，少災疾。飲食應盡量清淡，才不致肺氣虛旺。
2. 「甲」字面：易患腎陰虛心火炎，此乃木形人一般缺水之故。
3. 「圓」字面：多濕氣血滯。
4. 「由」字面：火形人心急，情感激烈，易致陽亢精神耗弱。
5. 「田」字面：土形人要節制食量，切勿飲食過量。否則，易形成性剛血熱疾。
6. 「申」字面：集合火形與木形於一身，易致陽亢陰虛極。

7. 「王」字面：集合火形與土形於一身，陽勝於陰，易致心實陽亢、腎陰虛、脾實熱。

8. 「用」字面：集合火形與金形於一身，主勞碌、筋骨痺。

9. 「目」字面：集合金形與木形於一身，金木相尅，嚴肅冷酷，與土（脾胃）之廣納廣收性質恰好相反，故易患腸胃病。

10. 「風」字面：集合火形與水形於一身，水火相尅，脾氣差，自制力弱。心腎交戰，易生腰患膝患，或心臟病。

## 第六節 「正五行面相學」名人實例

前述凡相人的五行，均須以「**氣較旺為主，餘氣輔之**」的原則推斷。從八字五行來看，天干主外象，即外表，故天干五行必直接決定一個人面相體相之形格；地支主內在體質，內臟五行對面相體相之形格當然亦有甚鉅之影響力。四天干以一直流通到最後之五行為最強而有力；地支一般則以月令為最強。故面相五行大多數都可以由此兩者來決定。

至於從弱格，則以物格必反之原則，取原本最弱之五行為面相體相之形格；從強格則以所從最強之五行為面相體相之形格。

鄧小平：（從弱格。面相五行：土）

| 甲 | 戊 | 壬 | 甲 |
|---|---|---|---|
| 寅 | 子 | 申 | 辰 |

毛澤東：（天干五行流通最後為火；月令地支為水。面相五行：水、火）

| 甲 | 丁 | 甲 | 癸 |
|---|---|---|---|
| 辰 | 酉 | 子 | 巳 |

李嘉誠：（天干五行流通最後為木；月令地支為火。面相五行：木、火）

| 癸 | 甲 | 戊 | 戊 |
|---|---|---|---|
| 酉 | 申 | 午 | 辰 |

董建華：（天干五行流通最後為土；月令地支
為火。面相五行：土、火）

| 己 | 丙 | 乙 | 丁 |
|---|---|---|---|
| 亥 | 辰 | 巳 | 丑 |

曾蔭權：（天干五行流通最後為木；月令地支
為金。面相五行：金、木）

| 辛 | 甲 | 癸 | 甲 |
|---|---|---|---|
| 未 | 辰 | 酉 | 申 |

陳方安生：（天干五行流通最後為土；月令地
支為木進氣。面相五行：土、木）

| 丙 | 己 | 丁 | 己 |
|---|---|---|---|
| 寅 | 未 | 丑 | 卯 |

劉慧卿：（天干五行流通最後為金；月令地支
為木進氣。面相五行：金、木）

| 己 | 丙 | 辛 | 辛 |
|---|---|---|---|
| 丑 | 寅 | 丑 | 卯 |

李澤楷：（天干五行流通最後為水；月令地支
為水。面相五行：水）

| 壬 | 辛 | 己 | 丙 |
|---|---|---|---|
| 辰 | 未 | 亥 | 午 |

梁振英：（天干五行流通最後為木；月令地支
為金。面相五行：金、木）

| 戊 | 庚 | 壬 | 甲 |
|---|---|---|---|
| 寅 | 子 | 申 | 午 |

新馬師曾：（天干五行流通最後為火；月令地
支為金進氣。面相五行：火、金）

| 庚 | 丁 | 乙 | 丙 |
|---|---|---|---|
| 子 | 巳 | 未 | 辰 |

【坤】第二章：從三停看八字十神

# 【坤】第二章：從三停看八字十神

「十神論」是一個準確性相當高的「八字」理論，而「三停論」於「相學」亦舉足輕重，融合貫通這兩大理論，是命理學的一大突破，能涵攝萬千命相，呈現大地之象，恰如【坤】卦。本章與以【乾】卦代表的第一章，均是重要的基礎心法，需徹底明瞭。

## 第一節　十神性格總結

**比肩是與日主陰陽五行性質相同之天干：**
- **比肩強旺且為用**：心性穩重、自尊和善、喜與同年朋友共同做事。
- **比肩過強旺為忌**：剛腹自用、自以為是、爭強好鬥、孤僻不合羣、性格不穩定。多勞少獲、求財心切、熱愛投機。

**劫財（羊刃）是同日主之五行，與日主陰陽性質相反之天干：**
- **劫財強旺且為用**：客氣、熱誠坦直、精明幹練、個性剛強、執着和堅持。
- **劫財過強旺為忌**：外表和藹、內心無情、強悍自大、喜歡動暴力和破壞、不善理財、喜投機。

正印是生日主之五行，與日主陰陽性質相反之天干：

- **正印強旺且為用**：有涵養、好學、心地善良、文靜祥和、重權重責、所以勞心勞力、是個有信用之人。
- **正印過強旺為忌**：懶惰、依賴性重、利己心強，故庸碌小成。

偏印（梟神）是生日主之五行，與日主陰陽性質相同之天干：

- **偏印強旺且為用**：重視精神生活、好術、悟性高、感受力強、創造力強、做事能幹、注重效率。
- **偏印過強旺為忌**：孤僻內向、思想行為怪異、表達力弱、做事愛理不理、有始無終、多疑。

偏財是與日主陰陽相同，而被日主所尅之天干：

- **偏財強旺且為用**：聰明機伶、敏捷好動、慷慨豪爽、不計小節、處事圓滑、做事帶有以利為主之策略性。
- **偏財過強旺為忌**：性喜冒險、貪情多慾、浮誇浪費、虛榮心重。

**正財是與日主陰陽相異，而被日主所尅之天干：**

* **正財強旺且為用**：為人誠實儉約、有理財能力、思想保守和講求現實、性喜平安、視平常是福、愛情專一、有圓滿的夫妻關係。

* **正財過強旺為忌**：好逸惡勞、懦弱無能、死板、內心吝嗇但卻難任財、經常性財困、易為情破財。

**正官是尅日主之五行，與日主陰陽性質相反之天干：**

* **正官強旺且為用**：善於自制自律、溫和謙恭、文靜內向、誠實守法、保守而少錯、懂得明哲保身。

* **正官過強旺為忌**：意志不堅、膽小怕事、寒酸小氣。

**七殺(偏官)是尅日主之五行，與日主陰陽性質相同之天干：**

* **七殺旺且為用**：俠義好勝、豪邁直言、性急好鬥、剛烈警剔、有權威、權力慾強。

* **七殺過強旺為忌**：多交損友、喜酒色財氣、性偏激叛逆、膽大妄為、急躁、好爭執、好破壞、是個外勇內怯、多疑、自責憂鬱、委靡不振之人。

食神是與日主陰陽相同，而被日主所生之天干：

- **食神旺且為用**：性情溫和中庸、氣度寬宏、才華發露、有口福、身心愉快、長壽之人。
- **食神過強旺為忌**：好發白日夢、自命不凡、迂腐固執、喜鑽牛角尖、故多愁善感。

傷官是與日主陰陽相異，而被日主所生之天干：

- **傷官旺且為用**：多才多藝、創意特強、擅口才、敢於挑戰權威。
- **傷官過強旺為忌**：不守規矩、具叛逆性、多學而不精、心高氣傲、鋒芒過於外露、刻薄殘忍、氣異狹窄。

## 第二節　三停配八字十神

標準面相的長濶比例為三比二，長與濶分別代表精神和物質兩個境界。長濶比例為三比二代表兩者正處於平衡狀態，面長者代表着重精神生活方面，面濶者則代表較着重物質方面。

傳統「面相學」基於《易經》中天地人的思想，將面部用橫線分為三個基本部份。第一部份為上停，上停為天，起自髮際至眉心。第二部份為中停，中停為人，起自眉心至鼻底，耳朵也在中停管轄之內。第三部份為下停，下停為地，起自鼻底至下頷。看面相時，三停之長短高低比例佔着非常重要的地位。

上停為面的開端，主要代表幼年至青年時期的家庭生活，故可以引伸為「八字命理學」的印星。印星代表長輩與父母、知識與智慧、學業與事業、個人的責任感、政府及公共大機構等。

中停是面的中間部位，主要代表青年至中年時期的生活，可引伸為「八字命理學」的日主、比劫星、財星及官星。代表自我、兄弟姊妹及同輩、夫妻及感情事、財富、官貴等。

下停為面的底部，主要代表晚年時期的生活，故可引伸為「八字命理學」的食傷。食傷能表現一個人的飲食享受、思想及口才、欲求、名譽、社交生活、子女、晚輩及下屬、資產等。

上、中、下三停最緊要均稱，一般來說代表一生平穩，無風無浪，各方面都得到平衡。另外，還要看三停中某部份最「豐厚有肉，骨起有勢」。如果上停前額有這種特徵，自然容易少年得志，早生富貴；若顴鼻上有這種特徵，自然能夠中年得運，穩坐成功的寶座；若下停地閣有這特徵，自然晚年行好運。若一個人能夠三停都「豐厚有肉，骨起有勢」，自當一生富貴非凡了。

一生的基礎建於上停的額相上，晚年的福報則反映在下停的下顎中。年壽五十歲後看下停，直接反影一個人前半生內心的修為。從命理學來說，寧可天生基礎不足，也要晚年福報良好。一般年青人很多時下停都不發達，這是因為流年氣運未走到下停位置，並不一定代表晚年福薄或艱苦。所謂相隨心轉，只要能做到行善積福，修心養性，福智雙運，自然會浮現在形、氣、色上，自然會肉由骨生，骨由形變，出現圓滿線條，臉形變得圓潤，下顎飽滿，晚年能安居樂業。

## 第三節　上停配印星

「面相學」的上停，從醫學的角度來看，正是包裹着腦袋的地方。沒有腦袋，何來學習？何來智慧？所以上停與「八字命理學」的印星，作用一樣。印星代表長輩與父母、知識與智慧、學業與事業、個人的責任感、政府及公共大機構等。

大家要留意：即使前額好，後額卻扁平的，表示腦組織發育不均勻，這樣思想上必欠周詳，所以這類的上停相也屬於不夠完善。

**印星代表知識與智慧。**

由於面長者代表著重精神方面的生活，神性思維較發達，屬較感性的人，可引伸為偏印星之象，主智慧。面濶者則代表較着重物質方面的生活，對物質有概念，擅長規劃，屬較理性的人，可引伸為正印星之象，主知識。

所以寬形額者懂得精打細算，不合化算的事情，絕不會輕舉莽動，但若是額形寬而額頂過於扁平的，缺乏智慧，過於斤斤計較，甚至會吝嗇到滴水不漏的程度。另一方面，額頂向上高起的人很著重精神生活，但若是額頂向上高起而額相太窄，便縱有智慧，卻不通庶務，不切實際，不善於計算，金錢必不能守，亦較容易衝動及感情用事。所以不論是額高狹窄，或額寬低平，都不是配合得宜之相。

上停以飽脹、寬廣為佳。古書云：「額如覆肝，圓滑無瑕，為最上乘之選」。飽脹主智慧高，寬廣主見多識廣，所以額如覆肝，表示理性與感性兼具，知識與智慧互融。

**印星代表長輩及父母。**

上停代表印星，印星代表長輩與父母。所以推論一個人是否對上司長輩的態度良好、是否常常得到上師長輩的關懷和適當的指引，都由觀察上停的好壞而定。那些年青時品學兼優而事業有成的人士，跟那些年少時便誤入岐途一事無成的，在額相上有很明顯的差別。前者必然較為飽滿，後者必然凹凸不平，或尖斜低窄。

**印星代表政府及公共大機構。**

大部份的政府官員，都是上停飽滿，偏於四方形的。

**印星代表家庭，家庭是一個人成長的根。**

由於家庭環境於一個人的成長，有根深蒂固的影響，因此可概括的推說「八字」的印星亦代表家庭生活和原居地。上停於「面相學」亦代表家庭生活和原居地。這又進一步證明「八字」的印星與「面相」的上停有相對的作用。事實上，寬廣額角的人，每每容易生活在寬敞而安定的家居裏，亦不用離鄉別井；但如果額角過高，就等於「八字」的印星過旺為忌，所謂過猶不及，代表家庭、工作方面難以安穩，經常要外出工

幹或旅遊，甚至要經常離鄉別井，所以「面相學」又稱額角為遷移宮。目前很多香港人要到內地工作，他們的額角應該特別高吧！相反，如果額角既窄且低，就等於印星過弱，代表家庭、工作不理想卻又不易求變，甚至外出旅行的機會也不多。有機會出門時，每次必定要打醒十二分精神，因為出門就等於把本身已經衰弱的印星變得更弱，隨時有機會禍從天降。

**印星代表學業及事業。**

當印星強旺有力而又能為用時，代表責任心重，能得老師及上司器重。在「面相學」上，上停簡轄十五至三十歲，好的上停等於有好的學業根基，自然容易得到好的事業開始。好的上停媲美印星強旺且為我所用，這點並不難理解。

**第四節　中停配日主、比劫、財、官殺**

中停是面的中間位置，主要代表青年至中年時期的生活。中停所管轄的歲數是由三十一歲到五十歲，這個階段一般是成家立室，離開父母，展開婚後獨立的人生。所謂在家靠父母，出外靠朋友，中年的運勢大部份在於有沒有良好的朋友助緣，和有沒有合拍的伴侶。中停可引伸為「八字命理」的日主、比劫星、財星及官

星，代表自我、兄弟姊妹及同輩、夫妻及感情事、財富、官貴等。

**日主，代表自我。**

中停位於面部的中間，當我們與他人接觸時，很自然地便會把注意集中在對方中停的位置。有良好中停的人，待人接物都會竭盡忠誠，容易得到朋友及配偶的信任。若中停過份寬闊，個性過於剛猛傲慢，相等於命理中日主過旺，故易犯小人及易破財。

首先談眉心。眉心在相學上稱為命宮、印堂穴、闕中。眉心入一寸為明堂入宮，入三寸為泥丸。泥丸亦即是現今醫學界所發現的松果體（宗教科學稱之為第三眼）。古代道家經典《黃庭內經》云：「泥丸者，體形之上神也。乃一身之靈宗，百神之命根。津液之仙源，魂精之至寶，德備天地，混洞太玄。」認為泥丸是全身臟腑活動的精氣上朝於腦的體現，為眾神之宗。《黃庭內經》又云：「安在黃闕兩眉間，此非枝葉實是根」。佛經記載佛陀能呈現三十二吉祥相，其中的白毫光相，於白毫能放出光芒萬丈，照遍法界，所謂白毫便是兩眉之間命宮的位置。而道家修練元神出竅，出入的位置，同樣在命宮。

有經驗的相學家，必能從印堂看出一個人志氣的大小、壽元的長短、知識的多寡、智慧的深淺、意志的強弱、脾氣的剛柔、進財的順逆，以及修心完滿與否、婚姻和家庭生活快樂與否、重病或意外能否過渡、願望能否達成等。

印堂一般以圓滑無瑕、飽滿寬潤、潤澤色佳為最好。印堂受到紋沖痣破，求謀必障礙重重，為人易杞人憂天，婚姻不美滿，易生離易。印堂狹窄、凹凸不平的人，知識範圍亦較狹窄，常坐井觀天。如果印堂破敗落陷，生活感到乏味，不自愛，容易走上自毀的路，健康亦常出現問題。

再談眼睛。從《黃帝內經》來看：「心為身之君主，神氣上通雙目。」又云：「夫心者、五臟之專精也，目者其竅也，華色者其榮，是以人有德也，則氣和於目，有亡（氣不和，神不守），憂知於色。目者神之門，神者心之主，神之出入，莫不游乎目。」這與西方人認為「眼為靈魂之窗」，眼神有喜怒哀樂，表現不同的內心變化，可謂異典同功。

古代相書云：「人之形要好，神也要強。形可以養血（因骨髓有造血的功能），而血可以養精氣神。」所以形再佳，也要血氣好，血氣好也

要神閒，神閒內心才能安定。神者、眼神也。眼神若混濁，形相再好也沒用。所以眼神在面相可説是最重要的一環。

所謂：「眼正心正、心善眼善、眼邪心邪、心惡眼惡。」眼神正是體內能量取向及強弱的表現。眼神若是流露出戾、怒、搖、漏、孤僻的神色時，內心世界的想法也是如此。正如孟子所説：「存乎人者，莫良於眸子，眸子不能掩其惡。」眸子就是眼睛。凡心裏存着歪念邪念，或暗地裏去作傷天害理之事，無論怎樣掩飾隱瞞，眼神也必定在無形中透露內心的秘密。

眼神，是一種感覺，比較抽象，只能從經驗去體會。達摩有觀眼法：「鎮定之神，神藏而真，安而不搖，發而不外露，清而不乾，和軟而不弱，怒而不戾，剛而不孤僻。」其中包含：藏與晦、安與愚、發與露、清與枯、和與弱、怒與爭、剛與孤等十四種精神狀態。「面相學」有另外一套眼神分類法：神藏、神威、神靜、神和、神鋭、神馳、神露、神眈、神驚、神慢、神疑、神醉、神昏、神急、神脱等十五類。

一個人眼神不能太露，眼神太露者內心不安定，故必需修心。當智慧在心中，面相自會改

善,給人一種厚重沉穩,眼神安定不驕露,神藏而又神強的感覺。

總的來說,眼睛以及印堂,相當於命理學上的日主,代表自我。凡印堂高挺的人不易屈服,相當於日主旺盛。若然加上大眼睛、眼神強,必然熱情豪爽,交遊廣闊,乃日主身旺盛而能洩秀之象。日主亦代表壽命,若然氣色欠佳,印堂暗晦;元氣虛脫,眼光呆滯,當事人必然處於人生的樽頸位,恐大限難逃。若然氣色很好,印堂光亮;元氣舒暢,眼光炯炯有神,便縱遇限亦無礙。

**比劫星代表兄弟姊妹及同輩。**

眉在「面相學」稱為兄弟宮,代表兄弟姊妹、平輩、朋友,近似「八字命理學」的比劫星。兩眉的作用是保護雙目,而雙目正正代表自我(日主),所以面相的兄弟宮亦相當於命理的比劫星,有幫扶日主的功用。

從眉的長度可知兄弟姊妹的多寡,以眉與眼等齊代表兄弟姊妹適中。何謂適中?即當時社會的平均數目,眉短則兄弟姊妹少於平均數目,眉長則兄弟姊妹多於平均數目。眉形最重要的

是「顧目」，即是眉頭與眉尾略彎而包眼，代表常得兄弟姊妹的關心和照顧，是「八字」的比劫星有力且為用之象。

眉粗心粗，眉細心細，眉濃情濃，眉疏情疏。所以眉粗濃濁者，「八字」必定是比劫強旺為忌和缺乏食傷流通之象，故其人頭腦必然愚蠢，不肯學習（因為印星也為忌），冥頑不靈，不願服輸，行為粗魯。眉毛淡淺，「八字」的比劫星必然幾乎等於沒有，故感情淡薄，個性較孤獨，亦較重財利，膽量較小，很情緒化，好壞都易走向極端。

眉毛的形態甚多，有一字眉、新月眉、三角眉、曲角眉、八字眉、頭低、尾揚、尾垂、粗濃、細稀、直豎、柔軟、順生、倒逆、斷裂、混亂等等，暫不細說，在下一章，再作詳細分析。

一般來說，眉長過目，彎而包眼，秀麗端正者，「八字」呈現比劫得力且為用神之象，代表為人脾氣好，身體健康，兄弟姊妹及六親皆能和睦相處。

相反若眉毛散亂、參差不齊、斷眉等，均為「八字」的比劫爭財之象，代表錢財不易聚集。眉過短、細稀淺淡，均為「八字」的比劫乏力之象，代表兄弟姊妹緣份淡薄，容易破財。

**財星代表財富。**

傳統相學認為「問財在鼻」，所以鼻為「八字」的財星。中停屬於人生由三十一歲到五十歲的中年期，屬於財富開發期。如果這期間的投資和理財策略正確，晚年自可安逸享樂。

富有的人一般是中停較別人優勝，較為橫張，加上鼻子豐隆有肉而不露骨，鼻樑高挺正直，鼻孔平視不見露，眼光銳利。

橫張的中停代表交遊廣濶，較易爭取得到進財的機會。鼻樑是財富來源之地，鼻樑高挺正直，是財源豐盛之象，財運自然佳。鼻子豐隆有肉，對財物有強烈覬覦之心，故爭取財富的動力強盛，是「八字」偏財星之象。鼻孔平視不見露，代表財富的儲聚能力，是「八字」正財星之象。眼光銳利，自然判斷精準，投資有道。財星在男命代表妻子，有好的鼻相能得配偶支持，家庭生活美滿，自然能全心在名利場上角逐，致富自有其因由。

鼻高聳而窄者，而面相又是垂直拉長，一般是重名而疏於利，亦較著重精神生活，任何事都以理想為出發點，屬於完美主意者，性格上亦較為固執，不易妥協，財運自然較弱。

**財星代表妻子及感情事。**

鼻樑又稱山根，如鼻樑與印堂的高度相若，屬於高。鼻樑高，代表其人主見強而形成固執己見，夫妻溝通不良，性情相左，易生磨擦甚至離易。鼻樑高，相等於「八字」的比劫強旺為忌和比劫爭財之象，容易刑尅配偶健康。

如鼻樑與眼睛的高度相若，屬於低。代表優柔寡斷，夫妻溝通較易較良好，志趣亦較易相投，相等於「八字」的財多身弱之象，容易刑尅自己健康及配偶運勢不佳。

最差的是鼻樑不正，不論左右擺動或高低起伏，都代表婚姻不如意，感情一定多波折。

**官殺星代表官貴、爭權、凶災。**

顴骨為爭權勢的欲望、生命的意志力、待人處事的態度。顴骨鞏固,肉厚包裹,自然元氣旺盛。顴鼻要高低相稱,方為好相,方能主貴。顴柄入天倉,方能掌權,領導羣體。

顴骨太凸不好,平也不好;位置太高逼眼不好,低瀉下墜也不好;太小不好,太大也不好。

顴骨前突,具攻擊性,行事猛進,可看成是「八字」的七殺之象。

若兩顴失陷削弱,為「八字」的官殺尅身乏力之象,作事欠自律,自我要求低,缺乏信用,無責任心,怕事膽小。

顴骨向兩邊橫張,可視為若不能從正途得權或實現欲望,便會走偏激路線,用不合理甚至犯法的手段去奪取,故偏於惡、暴者,可看成是「八字」命理學的羊刃並七殺之象。

兩顴太貼近雙眼,形成一種壓迫感,即所謂兩顴逼眼。兩顴逼眼的人心高氣傲,做事每每招來很多是是非非,尤其在眼運所象徵的三十五至四十歲時期,更是路途艱辛。

相反，顴骨偏向低瀉下墜者，是怕事懼內之相，一生都是唯命是從，無論在家內或家外都難以避免，中年事業運亦容易轉壞，是「八字」的身弱財官為忌之象。

顴骨左右有高低的人，做事不公正，內心亦不平衡，因而事業必不穩定，可看成是「八字」的官星不為用或乏力之象。

官殺星亦象徵凶災。如果兩顴灰暗欠光澤，代表會遇上奸險小人。小心遇劫，誤墮騙局，甚至被革職等。

**官殺星代表丈夫。**

女性如鼻挺直，兩顴骨飽滿，相學上稱為兩顴護鼻，相當於「八字」的財生官旺，乃旺夫之相。但是如果兩顴骨飽滿，鼻脊瘦削且無肉，乃剋夫之相。因為在八字命理上，財為官之源，鼻脊瘦削且無肉，乃無財生官之象。如果兩顴灰暗且佈滿色斑，亦是剋夫之相。

總結來說，中停的眉、眼、鼻、耳，皆要配合恰當，不能邊高邊低，也不能大小不一。印堂要飽滿寬潤，潤澤色佳。眉毛以濃淡適中為

要，其次是排列順序，有條不紊。眼睛要精神暗藏，光明正大，令人一望而生喜悦之心。鼻、耳要肉厚。顴骨亦要肉厚包裹，與鼻的高低相稱。

## 第五節　下停配食、傷

下停起自鼻底至下額，對應「八字命理學」的食傷。食傷象徵一個人的飲食享受、思想、口才、欲求、名譽、社交生活、子女、晚輩及下屬、資產等。

**食傷顯示欲求：包括情慾及物慾方面。**

下顎與小腦的發達與否，息息相關。下顎寬廣者，後頭骨部份與小腦自然發達。小腦為情慾中樞，主管性慾機能，所以下顎顯露人的情慾及物慾，反影他（或她）的精力營養狀況。下顎寬廣者，愛情也會深厚，但若果過於寬闊，容易沉溺於情色之中。

**食傷代表晚輩及下屬。**

怎樣知道能否得到好的晚輩及下屬輔佐？有好的雙頷和圓圓的嘴角兩邊要有肉。若配合雙耳貼面，表示凡事不需要自已勞心，此乃有得力

助手輔佐之相。相反地,若下巴短小、地閣不明顯,或嘴邊少肉、腮骨不能與下顎相連,就難覓得好的下屬,輔佐力量不足,多數事情也要孤軍作戰。

嘴邊的肉稱為頤。臣、頁相合為頤,頁在象形文字為眼睛的圖象,即是代表人的頭部。頤在面相中暗示有臣相輔,有得力助手之象。

## 食傷表現飲食享受。

透過嘴巴才可以得溫飽,所以下停顯示個人的飲食享受。如果肥胖到有雙下巴,但下頜的部位卻短小,非雙頜的,都不是有福智雙修的相,而是貪吃之相。這些人內心貪得無厭,嘴邊一定薄而尖,無得力助手輔佐之相,不得人心,也不受部屬擁戴。

## 食傷代表子女。

所謂飽暖思淫慾,有溫飽才有性慾的衝動,才會產生下一代,所以下停可以看子女緣。平潤的下停,子女緣份深厚。相反地,尖削的下停,除了沒有得力下屬及追隨者導致一生波折較多外,亦不懂齊家之道,不容易有子女承歡

膝下，晚運自然孤獨淒涼。所謂：「下巴尖尖，老來孤獨天」。

**食傷代表思想及口才。**

人生出來便懂得以説話及聲音來表達自己的愛惡、喜怒哀樂、內心想法，所以下停可以看一個人的思想及口才。完美的下停，代表一個人能夠清楚又有系統地表達自己的思想，但如果下停肥大且側面看又突出者，説話有時會流於刻薄。

**食傷代表名譽。**

一個人若能夠清楚又有系統地表達自己的思想，甚至能夠利用口才去爭取自己的利益，同時又使人心服，且能駕御他人使成為自己的追隨者，自然一生都能得到四方的支持及讚譽，貴人重重，名成利就，自有因由。

**食傷代表社交生活。**

社交不外乎是説話及歡笑等口部運動，這自然會增加嘴邊的摺紋，亦即是下停的中法令位置。所以法令濶的人比法令窄的人更懂社交之

道，面面俱圓，社交圈子也較廣濶，自然相識滿天下。

**食傷代表資產。**

具備豐滿下停的人，容易住進華麗的大屋。「面相學」上鼻代表流動資產，能否積存成為不動資產，要視乎嘴巴是否夠大並與鼻相配，與及下顎是否夠豐滿能承托嘴巴。所以下停所代表的資產，是積存起來的不動產。「面相學」上稱下顎為地閣，而地閣豐滿的人，擁有房地產物業的確比一般人為多。

## 第六節　結論

縱使天生沒有福祿貴相，頭削扁尖，也不用自怨自艾，正所謂：「命在骨，運在氣」。在第四章，我引進一套「十二宮開運法」，由改善生理機能帶動歲運的改變。至於更深層的命運轉化，是由改變內心的思維，帶動天生的骨形產生變化。要知道人心有修時，自然內氣煥發，氣色變好，運就會隨之而來。正所謂：「積善之家，必有餘慶」。潛移默化，日久見功，自然「肉由骨生，骨由形變」，出現圓滿的線條，甚至脫胎換骨。轉運改命的關鍵，就在自我的心念，我於內篇有詳細解釋。

# 【震】第三章：內經與面相五官

## 【震】第三章：內經與面相五官

《黃帝內經》的醫學相法，即中醫的望診相法，雖然並非一般的命理相學，然而卻是相學中最具辯證性和實踐性的一門相人學問。中醫的望診相法，為數千年的臨床實踐所證實，其科學性與實用性，是無容置疑的。其理論的實踐性與辯證性及高度的可信性，甚至要比流傳自古的「面相學」論說，如《麻衣神相》、《鬼谷》、《柳莊》等還要高明嚴緊，難怪這些相學名著，也在某些內容引入望診相法。這些相學名家，必然也曾對《黃帝內經》的醫學相法，下過一番功夫。

「五官」本源自《黃帝內經》。官者，管也、能也。《內經》云：「鼻者，肺之官也；目者，肝之官也；口唇者，脾之官也；舌者，心之官也；耳者，腎之官也。」很清楚地指出「五官」是「鼻、眼、口、舌、耳」，內應五臟，顯露五臟的健康狀況。中醫將五官配五行，「肺屬金，開竅於鼻；肝屬木，開竅於目；脾屬土，開竅於口；心屬火，開竅於舌；腎屬水，開竅於耳」。

中國傳統面相學，則將「耳、眉、眼、鼻、口」稱為五官。具體的分工是：一、耳為採聽官；二、眉為保壽官；三、眼為監察官；四、鼻為審辨官；五、口為出納官。所謂「看相看相，看在面相」，故相學以眉入五官，而不像中醫以舌入五官。

## 第一節　五官之傳統口訣

《麻衣神相》給五官相法定立了以下的標準法則：

1. **採聽官**：耳須要色鮮，高聳於眉，輪廓完成，貼肉敦厚，風門寬大，謂之採聽官成。

2. **保壽官**：眉須要寬廣清長，雙分入鬢，或如懸犀新月之樣，魚尾豐盈高居額中，乃為保壽官成。

3. **監察官**：眼須要含藏不露，黑白分明，瞳子端定，光彩射人，或細長極寸，乃為監察官成。

4. **審辨官**：鼻須要梁柱端直，印堂平闊，山根連印，年壽高隆，難圓庫起、形如懸膽、齊如截筒，色鮮黃明，乃為審辨官成。

5. **出納官**：口須要方大，唇紅端厚，角弓開大合小，乃為出納官成。

## 第二節　五官之相法

## 1. 耳為採聽官（天賦聰明、健康）

### 1.1《黃帝內經》之相法：

**耳者，腎之官也。** 中醫認為腎氣通於耳，故相腎之法，視耳好惡也。耳主腎，亦主骨，預示一個人的天賦智慧、健康。

耳同時亦是人身體的縮影。耳朵有如一個嬰兒的胚胎，耳珠好比頭部，耳輪好比身體，在耳輪之內的是五臟六腑，而耳頂則是足部。所以耳珠若有凹陷或破損，代表頭腦或精神方面有問題的可能性較大，又或容易頭痛。如果耳輪邊緣有凹陷或破損，代表背脊或脊椎易生毛病，出現腰背痛及腳痛等問題。若是耳輪內有凹陷或破損，代表五臟六腑易生毛病。如果耳朵出現脫皮現象，代表易患皮膚病。

《黃帝內經》相法在耳相方面，分為四部分：
城廓、耳門、耳屏及耳珠。耳的形色好惡
如下：

1.　外輪內廓，包裹貼肉；
2.　耳長垂大；
3.　耳硬或成骨；
4.　左耳右耳，陰陽對稱；
5.　雙珠朝海口；
6.　目能自顧，耳能自動；
7.　耳色明亮潤澤。

耳殼豐厚柔軟，光澤紅潤，主先天腎水充
足，腎氣旺盛，聰明，健壯。耳輪瘦薄乾
枯，不光潤，是先天腎陰不足，腎氣虛衰。
耳色白，多為寒。耳色青，是寒、痛、驚
風。耳色赤，是風熱。耳色黑，是痛甚，
腎陽不足，虛極，腎水寒極生火。

耳朵輪廓分明，耳形清秀，不反不薄，代
表聰明，領悟性好。耳朵貼肉，正面看顯
露很少，代表較大機會富足，可以百謀百
成，千求千遂，自然富貴。耳朵厚而圓，
堅硬高聳，代表長壽。耳門寬大，可容納
尾指，代表天資高，心胸豁達。如果耳朵

色澤鮮明光潤，紅黃隱隱，其人性格靈活。若果耳朵上部高聳，高於眼睛，其人有高度的智慧，能獲得社會聲望。至於耳朵耳珠都很長、很圓、很厚，表示其人有較高悟性及修養。

相反地，如果耳朵粗糙枯暗，其人定必貧乏。耳薄的，亦主貧，一至十五歲之內，刑尅破祖，長大孤貧，壽夭之相。耳薄且軟，其人生命力不強，意志比較差，易遭貧困。耳薄且干枯，乃夭折之兆。耳薄而大，勢如招風，俗稱兜風耳，代表其根基比較薄弱。尖小者，稱為猴耳，主孤貧。耳門若窄小，表明天資很差，主愚、主短壽，亦主貧，所謂「耳孔容針，家無一金」。輪為城內為廓，古云：「城兜廓吉，廓兜城凶」，廓兜城者，即所謂輪飛廓返也。耳無輪廓，多破多散。

## 1.2 耳相心訣：

我將《黃帝內經》的相法與「面相學」融合，推繹出一套簡單的心訣：—

**標準**：耳頂的高度與眉頭齊、耳底的位置與鼻底齊。

**象徵**：天賦聰明、先天的健康、消息靈通
程度、被説服的可能性、離鄉別井
的機會。

**論斷耳相：**

(1) **耳大且厚**：耳大者聰明、消息靈通。
耳厚者遺傳好、健康長壽。

(2) **耳小且薄**：耳小者理解力較差、消息
不靈。耳薄者遺傳差、健康差。

(3) **貼面／兜風**：耳貼面者較易接受意見。
耳兜風者不容易接受人家批評。

(4) **耳朵高低**：耳頂高於眉頭者聰明。耳
頂低於眉頭者較笨拙。

(5) **上半耳／下半耳**：上半耳較長者較理
智。下半耳較長者較感性。

(6) **耳珠尖圓**：耳珠圓大者易有異性緣。
耳珠尖小者神經質且疑心重。

(7) **軟／硬**：耳仔軟者，容易被説服。耳
仔硬者執拗。

(8) **輪飛廓反**：輪飛廓反者，容易寄人籬下或離鄉別井。

(9) **耳朵前後**：耳朵較後者（在側面中心線後），對性興趣淡泊，甚至性冷感。耳朵前者（在側面中心線前），對性興趣很高，甚至性需要強烈，易有外遇。

## 2. 眉為保壽官（長壽、性格、親情）

### 2.1《黃帝內經》之相法：

常謂「問壽在眉」，從眉毛可以看到一個人的身體健康狀況。中醫認為「眉為血之苗」，眉毛反影氣血盛衰，入肝經絡，屬太陽經。所以眉毛清秀細長潤澤有彩，表示血液循環暢順。若血液循環不暢順，則眉枯。而氣血盛衰可以反映人體的生理及心理狀態，這樣間接地便可推知人的吉凶。

另外，眉的前端與肺相聯屬，眉的後端與肝相聯屬，屬稜骨，而稜骨則與骨髓相聯屬。又肺主憂思，中醫所謂「愁眉不展」，就是說肺若然健康，眉頭自然抒展，眉毛也會清秀美麗。所以眉毛可以看到一個人有沒有快樂的心境，甚至是富還是貧。

《黄帝內經》相學主張：「藏精於骨，現精於眉」，男性如果眉毛濃，眉稜骨又起，骨髓內的「精華」亦會多，精力自然充沛。所以眉毛濃，眉稜骨又起，象徵健康長壽。傳統中醫認為女性重血不重精，男性則重精多於血。因此眉毛之相，還有鬍鬚、毛髮，對批斷男命是特別重要的。

從西方醫學上來看，眉毛與荷爾蒙的分泌，有直接關連。荷爾蒙分泌均衡，眉毛就潤澤光彩，表示情緒穩定，精神旺盛。所以説眉毛與情緒精神健康有關，直接影響性格及心理質素。

有些人在四十歲後，眉毛中會長出一根或好幾根特別長的毫毛，相法上稱之為「壽毫」，又稱為「眉彩」，相學上所謂「眉潤有彩」，也就是指有壽毫。但要知道「毫宜生遲，早反促壽」，如果在二、三十歲就有壽毫，是反常現象，表示早熟早衰。另外如果「少年白眉」，則是腎虛血虧，荷爾蒙分泌失調，此乃夭壽之象。

要知眉毛愈美好者，個性與資質愈優良；眉毛欠美好者，則人性中必雜有強烈獸性。古人將秀麗的好眉相歸納為八要點：

1.  要退印：眉頭相距離兩指位。
2.  要居額：眉毛長在眉稜骨上。
3.  要毛順：鋪陳有緻，濃中細發。
4.  要過目：眉尾要比眼尾長。
5.  要尾聚：眉尾不可散亂。
6.  要有彩：尾毛有亮光，眉肉翠潤或白潤。
7.  要有揚：自眉頭至眉身三分之二處略略向上再緩緩下彎。
8.  要根根見肉：眉毛雖濃但不可濃如潑墨。

如符合以上八項要點，加上其他各部位配合得當，主其人心身健康，自然成大就的機會，較其他人高。

## 2.2 眉相心訣：

**標準**：可參看好眉相的八個要點。簡單來說，眉以清秀為佳。男性眉宜粗不宜幼，女性眉宜幼不宜粗。

**象徵**：健康長壽、性格勇毅、親情、見識廣博。

**論斷眉相：**

(1) **退印**：見識廣博、觀察力強。

(2) **居額**：勇敢、自尊自重。

(3) **毛順**：心身健康、兄弟姊妹朋友溝通良好。

(4) **過目**：隨和、爽朗、外向。

(5) **尾聚**：貫徹始終、合羣。

(6) **有彩**：心身健康、長壽。

(7) **有揚**：進取心重、積極主動、鬥心動、反應快。

(8) **根根見肉**：眉濃的人勇敢、辛勤。眉
疏的人較膽小、懶散、不喜社交。

(9) **眉直／眉彎**：眉直的人理智勝於感情。
眉彎的人感情勝於理智。

(10) **眉高／眉低**：眉高的人較不拘小節、
推心置腹、人緣好。眉低的人不善交
際、人際關係較差、較急躁。

(11) **眉粗／眉幼**：眉粗的人大膽、心粗、
剛愎自用。眉幼的人事事小心、心細
如絲。

(12) **眉毛豎生／垂下**：眉毛豎生的人性戾
狠毒。眉毛垂下的人重色貪淫、膽小
怯懦。

(13) **眉毛逆生**：氣量小、驕傲躁急、自以
為是。

(14) **眉毛脫落**：主疾病。

(15) **無眉**：眉毛稀疏若無的人，兄弟朋友
易生相害、結冤結仇。

## 2.3 眉相雜訣:

特別要留意，骨稜高起的人，性勇好為非。眉稜骨高起的人，言眉骨尖峻顯露也，則主人粗鹵，知進而不知退，知存而不知亡，知成而不知敗。自強自勝，作事不應為而強為。性暴好斗，不可為友之相也，平生宜遠之。

要知道過猶不及，眉若過份濃，主淹留賽滯久困。故古書云:「眉濃髮厚人多滯」。

兩眉距離太開的人，容易缺乏主見及定力。眉毛侵印堂的人，脾氣容易躁急，自卑心過強自尊心過重，觀察力更欠深入。

眉尾部是中年時期的「情關」，眉尾毛散或眉尾缺的人，理智控馭不了情感，婚姻上容易做出難以彌補的事。

古相書云:「眉是目之君，膽之苗，面之表也。清秀彎如月樣，文章顯折桂榮奇。」太清神鑒亦云:「眉曲彎彎多學識。」若得清秀彎如月樣，主為人聰明智慧，文學博雅，必攀蟾挂，高明富貴之相，衣食不窮。

古相書云：「交頭並印促，背祿奔馳。」頭交者，言兩頭印提交鎖，侵犯印堂也。若交促者無祿，印堂義為命宮，交頭不利財祿。

古相書云：「豎毛多，主殺，神剛氣暴，豈有思維。」豎眉者。謂眉毛直立而少也，多主殺性。人倫大統賦曰：「主性急神猛，好鬥貪殺。」又云：「毛直性狼。」

又云：「旋螺聚必執旗槍。」旋螺，言其中毛盤旋似螺絲尾尖、盤盤旋旋而生者。主為人剛健勇猛云，可車前槍旗之首當先。無懼而戰也。

## 3. 眼為<u>監察官</u>（福德、精神、感情、邪正）

### 3.1 《黃帝內經》之相法：

**目者，肝之官也。**其實，五臟精氣皆上注於目，所以在中醫理論眼睛是十分重要，是人體內在精氣神出入的門户，是不止限於肝。

《黃帝內經》相學的相眼部份，在於觀其藏露、固脱、明晦、清濁。

(1) 《內經》云：「視目大小、侯肝之堅固」。
中醫傳統把「眼珠（俗稱眼黑）叫睛，
眼白叫目」，目主福德，而睛主精神與
感情。所謂「視目大小」，並非一般人
所指的眼睛的大小，而是「目睛之藏露
大小」，亦即是睛（眼珠、眼黑）的藏露
及大小。睛內含則為藏神，睛暴露則
為神外露。其中有上露，即所謂上三
白眼，自私心重；下露，即所謂下三
白眼；全露，即所謂四白眼，多主大
逆不道。

(2) 所謂「侯肝之堅固」，固者、眼瞼堅固
之謂；脫者，眼瞼下垂。固即神氣有
持，脫則精神虛奪也。

(3) 所謂明晦者：眸子有神，光彩照人之
謂明；晦者、眸子無神，如痴如呆之
謂。

(4) 所謂清濁者：黑白分明，光明瑩潔，
此乃為清；白睛暈濁、血絲紅斑，此
謂之濁。

眼睛是藏神的，宜藏不宜露，宜固不宜脫，
宜清明不宜晦濁。故好的眼睛，是棱角清

秀，細長有波，黑白分明，凝然不動，明
亮光潤，燦然有威，自然是顯貴之相。

黑白分明，黑如點漆，其人必很聰明。燦
然有光，其人神氣十足。眼睛細長而深，
轉動靈活，神采內含，其人五臟精氣充沛，
能享長壽，但性格深沉隱藏。

如果目無光彩，轉動很緩慢，眼球乾澀，
眼神呆滯，眼白暗濁，黑睛暗淡沒有光澤，
是謂之失神，屬於精氣虛衰。目光游移不
定，或雙目直視，其人精神定有毛病。

## 3.2 眼相心訣：

標準： 兩眼之間要有一眼的距離。兩
眼平行線應在頭頂與下頜分
中之處。服眼神要藏、眼瞼堅
固、眼珠宜清明不宜晦濁。

象徵： 福德、精神、感情、邪正。

論斷眼相： 眼的吉凶，關係一生成敗。其
他部位不美而眼獨美，為十濁
一清，主吉。若其他部位俱美
而眼不美，為十清一濁，不以
吉論。

(1) **藏／露**：眼神藏者智慧高，性格內斂。眼神露者性格剛暴，好出風頭，撩是鬥非，故易生意外。

(2) **清明／濁晦**：清明者，光明磊落，謀事易成。濁晦者，內心苦惱，謀望難成。

(3) **固／脫**：固即神氣有持，脫則精神虛奪也。

(4) **閃爍**：自利心重，見獵心起，不擇手段，損人利己。

(5) **呆滯**：智力不足，事事漠不關心，缺乏競爭之心。

(6) **雙眼皮／單眼皮**：雙眼皮者重情感輕理性。單眼皮者輕情感重理性。

(7) **眼大／小**：眼小者保守、小心、冷靜、自私。眼大者疏忽、感性、天真爽朗、隨和。

(8) **斜上／斜下**：眼尾斜上者判斷力佳，積極豪邁。眼尾斜下者，觀察力佳，但凡事先朝負面看，故較為消極。

(9) **鴛鴦眼**：兩眼大小不一，代表內心矛盾，容易導至感情煩惱及運程反覆。

## 3.3 眼相雜訣：

眼睛混濁，目帶兇光，其人心術不正。眼呈三角，其人心地必奸詐。

孟子曰：「胸中正則眸子焉。胸中不正。眸子不能掩其惡也。善惡在目中偏正。善者，正視神清睛定。惡則斜視不定神濁。」

《太清神鑒》云：「眼有些小病。心有些小毒，眼有十分病，心有十分毒。眼善心也善，眼惡心亦惡。」

相書云：「兩眼浮光，雙輪噴火，好奸謀。」兩眼浮光者，謂噴突不收光射人也。雙輪噴火，上下限堂紅赤，如炎火噴外也，似此者則主人兇惡。

相書云：「上視者勿與交遊。」上視者，或看物觀經，或觀人昂而晴昂向上視者，主為人賊性，自強自是不容物，太多疑，不可為友。斜觀狼目強獨，性鏗吝更貪求。

相書云：「斜觀者，主人秉性剛強。」獨能鏗吝者，自鏗不施，貪鄙愛聚，損人安己。縱居富貴能文，亦不改鏗吝之心，門腹不能相應之人也。

相書云：「三角深藏毒害。」眼生三角，兇狠之人，常能損物害人。若是女子，妨夫不良。《人倫大統賦》云：「三大角多嗔，為妨夫命。」刃者劍刃也，婦人眼生三角相書云：「如殺夫之劍也。」

相書云：「頻偷視，定無良籌。」頻愉視者，謂談話之間，廣會之座，低日沉吟。常常用眼根觀人者，乃為人心性不定，多疑智淺之象。

相書云：「神清爽秀，長如風目，身顯作王侯。」神清秀者，瞳子瑩洁，黑白分明，如曉星光肘四遠也。長如風者，鳳目細長，大富大貴。

## 4. 鼻為審辨官（財運、性格、魄力）

### 4.1《黃帝內經》之相法：

肺氣通於鼻，鼻為肺之宮。天食人以五氣，五氣入鼻，藏於心肺。故天氣通於肺，以鼻為孔道，為生的門户。鼻翼與鼻孔連成一體，鼻孔為呼吸器官，鼻孔大者呼吸暢通，肺容量也隨之增加，肺部發達自然血液循環良好，身體也自然強壯健康，精力充沛，精神旺盛。所以從鼻子觀察一個人的魄力是最不過，故鼻亦為魄力之宮。魄力旺盛的人，呼吸量也比常人大，一般都有大鼻子，鼻孔夠圓大又不外露，自然夠膽色，又夠謹慎。若然再加上中氣足，聲音能發自丹田，細聲時響亮，大聲時沉厚，是為最佳的聲相，必主大富。

《黃帝內經》云：「靈樞額首眉間肺，目間主心鼻柱肝，鼻頭脾胃外大小，人中胱子外腎顏。」兩眉之間稍上方主咽喉，兩眉之間主肺臟，兩目之間主心臟，鼻準之端主脾臟，鼻準兩側之鼻翼主胃臟，人中主膀胱與子宮。

另外，鼻子歪者，脊椎不正，易腰背痛，坐骨神經痛。亦會影響人中也偏斜，女士懷孕生育較困難。鼻子歪者，心理不平衡，擇偶一定要慎重。財起財落，不易控制。

好的鼻色以：鼻頭明，山根亮，鼻色明潤為佳。鼻色青：青色主寒、主痛、主氣滯、驚風等症，為血氣運行不暢所致。鼻頭色青，多為脾土虛寒，不能溫煦濡潤於上所致。脾陽虛者為陰寒內盛，寒凝經脈，引致鼻頭青紫及腹中痛症。鼻色黃：脾病多見鼻色黃，胸上有寒，裏有濕熱，小便不利。鼻色白：主虛、主寒、主脫血、奪氣。鼻色赤：脾熱病者，鼻先赤。鼻色黑：鼻頭微黑，主水氣內停，為肺、脾、腎臟之虛。酒槽鼻，肺脾胃積熱上蒸或酒濕熏蒸所致。

鼻出血：肺經熱盛，胃經熾盛，肝火上逆。血氣深紅者，為肝腎陰虛，水不涵木，肝不藏血，致虛火上炎，傷及血絡。血氣淡紅者，為脾氣虛，不能統攝血液，離經外溢。

## 4.2 鼻相心訣:

**標準:** 以鼻頂至鼻底為中停,上中下三停均稱為標準。鼻翼止於眼角,鼻孔不露,鼻樑要高、正、直、滿,準頭要豐,鼻翼要厚。

**象徵:** 財運、性格、魄力、配偶、自尊。

**論斷鼻相:**

1.  **小／大:** 鼻大者,有魄力、自信、判斷力好、有主見、財運好。鼻小者,沒魄力、沒主見、懦怯、判斷力差、財運差。

2.  **長／短:** 鼻長者愛拖延、好安逸、著重精神生活、重智慧。鼻短者坐言起行、勤奮、著重物質生活、戇直。

3.  **窄／濶:** 鼻翼濶者社交圈濶、大方慷慨、生財能力高、有魄力。鼻翼窄者社交圈窄、小氣吝嗇、生財能力弱、欠缺魄力。

4.  **肉厚／露骨:** 肉厚者財運好、和善。露骨者刻薄計較、較殘忍不仁。

5. **鼻樑凸／凹**：鼻樑凸者，進取心強。凹者較被動。

6. **準頭圓／尖**：準頭豐隆有肉，對財物有強烈覬覦之心，故爭取財富的動力強盛。準頭尖者，計較、刻薄。又準頭有凹者，非常之計較。

7. **鼻尖下垂／仰鼻尖**：鼻尖下垂者奸詐、斤斤計較。仰鼻尖者無知、愛幻想、物慾重、愛暴露身體。

8. **鼻孔小／大**：鼻孔小者，過份節省，小器吝嗇，亦留不住財。鼻孔較大者，性格爽直，闊綽大方。

## 4.3 鼻相雜訣：

傳統相學認為問財在鼻，所以鼻為財帛宮，主宰人的財運。富有的人一般中停較別人優勝，較為橫張，鼻子豐隆有肉而不露骨，鼻樑高挺正直，鼻孔平視不見露，眼光銳利。為何富有的人都有這些中停特徵呢？一、橫張的中停代表交遊濶，易爭取進財的機會。二、鼻樑是財富來源之地，高挺正直者，是財源豐盛之象，財運自然佳。三、準頭豐隆有肉，對財物有強烈覬覦之

心，故爭取財富的動力強盛。四、鼻孔平視不見露，代表財富的儲聚能力。五、眼光銳利，判斷精準，自然有獨到的投資增值眼光。這些致富的條件都全部具備，難怪他富貴有餘。

相反，若鼻樑塌扁，或高聳而窄，枯削無肉，主財富之源乾涸；鼻翼仰露的人，沒有理財的概念，主難有積聚，家無隔宿之糧；鼻孔寬無擋，入不敷出，無積反施；準頭缺陷，或鼻尖如鷹嘴，則主多貪慾之輩，財運反覆，晚景淒涼；鼻上有紋痕痣破，主有損財之患，容易財來財去。若鼻歪不正，左右不同，為人投機心重，潛意識裏有一夜致富的念頭，但這反成為破大財的因緣。

從以上可以得知，鼻子長得完美，表示財氣充裕，生活能稱心如意，富貴有餘，故為主宰財運之宮。

重要的鼻相心法，我已在本章的「鼻相心訣」和第二章的「從三停看十神」闡釋清楚，您們若能明瞭這些基本論點，已能看出當中所顯示的命運玄機，已能批斷萬千鼻相。以下的鼻型分類在相書中常見，輯錄出來，僅作參考，無需強記。

(1) 鼻直貫氣，達至天庭，非貴則富之人，膽量過人，智勇仁義，性格豪邁。

(2) 蒜頭鼻：鼻大豐隆，為商人之相，一生勤儉，性格克苦耐勞，忠直之人。

(3) 曲節鼻：鼻樑有骨節，專業人材，性格堅強，但小人多犯，尅妻。

(4) 猶太鼻：善於經商，手段圓融，重小利，獨資生意，一生無合作命，貪心難靠。

(5) 尖勾鼻：心毒計多。

(6) 豬膽鼻：女人為旺夫益子之人，安份守己，性格賢淑，心地善良。

(7) 竹節鼻：鼻樑厚如竹筒，剛直但不聽他人指揮。

(8) 嬰兒鼻：即昂鼻，一生財來不聚。鼻仰突多孤獨。

(9) 鼻囊薄：容易散財，重義氣。

(10) 鼻樑短：急攻近利，性急手快，財來財去。

(11) 竅小：鏗貪。竅者，鼻孔也。

(12) 偏斜：不端正，主孤滯也，曲者主孤貧。

(13) 鼻小：莫求官。

相書云：「年壽上縱橫紋理，家破苦窮忙。」破祖離家，一生弛驟奔波苦，終日揭貧困而厄。

相書云：「山根更折，田園不守，配偶先亡。」

相書云：「若更眉壓限，神氣薄，梁柱偏，輕則中年大病刑獄，重則喪軀矣。」若得形正神強，色明聲亮，其害減半。

《人倫大統賦》云：「樑貴乎於隆貫額尚也。色貴乎先瑩目日明也。」又云：「准明印正，諸事亨通。」可知氣色光明主財祿非凡。

## 5. 口為出納官（口德、子息、晚境）

### 5.1《黃帝內經》之相法：

口者，宣言語以接萬物，博領飲味以安五臟，造化之權，禍福之柄。其中以**唇**為口之城廓，舌之門戶，一開一合，榮辱所繫也。**法令**，又名壽部或酒舍，表示事業興衰，個性重義與否，會否食物中毒而亡。**人中**，又名壽堂，子庭等，表示晚年子息福壽。另外，唇齒亦須合看，**牙齒**叫骨之餘，可卜富貴，可定壽考。

### (1) 相脾之法，觀其唇舌：

口為脾之外竅，唇為脾之華表。相脾之法，先視其唇舌。《黃帝內經》云：「視乎唇舌的好惡，可知脾氣之盛衰，中氣之升沉」。其好惡為：

- 形：唇形如弓，不吹不復，好形也。弓形不清，如吹如復，惡形也。

- 色：色澤鮮紅，不嫩不晦者，好色也。色澤黃黑，鮮嫩晦黑者，惡色。

- 動態：口能張大合小者，好動態也。口閉不合或㖭者，惡態也。

- 厚薄：唇厚者、脾厚也，善消化。唇薄者、脾薄也，消化不善。

唇色澤紅而明潤，說明脾胃健運。唇色淡白，血氣不足，脾不健運，氣血虛虧所致。兼有心悸，失眠，食少乏力等症，為心脾兩虛，相當於神經衰弱。兼有畏寒肢冷，腰膝痠軟等虛寒症，為腰腎陽虛，不得溫煦所致。兼有久嗽，咳喘，為脾肺氣虛，痰濕阻肺。唇色深紅而乾，脾實熱之象。

**(2) 相大腸之法，觀其法令紋：**
其好惡為：

- 過口：若不及口角者，大腸逼。過口者，大腸廣長也。其中有不過口而彎入口中者，稱為騰蛇入口，易患腸胃之疾，故主餓死。

**(3) 相小腸之法，觀其人中：**
其實，人中亦和人體臟腑經絡有生理上的密切關繫，尤其是男女的生殖器官和泌尿系統，所以亦可以說人中是判定人體生命活動的一個很動要地方。其相的好惡為：

- 長短：人中長者、小腸安和。人中短者，小腸受逼。

- 寬窄：上面稍微窄些，下面稍寬呈一梯形狀者，主吉。

- 深淺：溝道深淺適中，主吉。

- 正歪：整齊端正為吉。

- 顏色：明潤紅活，好色也。淡白、萎黃、青紫、暗綠等，惡色也。

人中的長短，可定壽命的長短。人中短縮狹小、平滿臃腫、歪斜、有縱理或橫理紋，都是不健康、貧乏的現象。深長正直則主多壽。

若人中較短淺、在女性表示子宮發育不良，子宮小，宮頸鬆弛，影響胎兒健康。在男子則表示睪丸先天發育不良。

若人中溝狹長，且狹細，在女性多是子宮頸狹長，在男性一般是生殖系統有問題。

人中若上寬下狹，其人必奸巧偽詐，早榮晚孤，無嗣；人中端正，為人忠信；人中漫平下去，作事荒唐；總之，人中正而長垂者福壽，蹇而縮者貧夭。

若夜睡開口者，泄其元氣，元氣既泄。壽不永也。兩角下垂者，無衣食也，最招人憎嫌。

唇端而厚，言不亂發，謂之口德。若方廣有棱者，主壽形。如弓稍向上者，主貴。若尖而薄反者，主賤。

**(4) 相骨餘之法，觀其牙齒：**

牙齒叫骨餘，可卜富貴，可定壽考。適宜長、大、正、齊，忌缺、少、尖、疏，有富貴貧賤之分。短黑斜飛傷子孫，疏少偏斜多言無信，露齒合結喉，會客死異鄉。少年落齒多病，中年落齒多刑傷。復齒則添壽，齒白唇紅，一配到老。

唇齒本來須與口合看。口小而噘，貧寒刑尅；弦陵潤澤深長，為添福增壽；紋多則子孫旺；過闊往往誇張；唇外多紋縐馳，財少而子孫不良；唇薄犯黑色，壽短而少福祿；唇尖偷倉，含珠多言，露齒疏口；口大多食慾，口細多犯腸胃；口大面小好歌唱，口大面方多做官。

**5.2 口相心訣：**

**標準：**請參看上述。

**象徵：**口德、子息、晚境。

**論斷口相：**

(1) **人中闊／窄：**人中闊者較現實、重物質。人中窄者較孤僻、缺乏系統。

(2) **人中長／短：**人中長者重名、懶散。人中短者性急衝動。

(3) **人中深／淺：**人中深者重情感、有魄力。人中淺者冷漠。人中又為「子庭」，人中淺與子緣薄。

(4) **人中上闊下窄：**奸巧偽詐，早榮晚孤，無嗣。

(5) **人中上窄下闊：**人中端正，為人忠信。

(6) **上唇厚／薄：**上唇厚者重情感。上唇薄者理智。

(7) **上唇潤／窄**：上唇潤者具同情心。上唇窄者冷漠。

(8) **下唇厚／薄**：下唇厚者重性慾。下唇薄者重精神。

(9) **下唇潤／窄**：下唇潤者博愛。下唇窄者性愛較被動。

(10) **口大／小**：口大者，有魄力、自信、判斷力好、有主見、財運好。口小者，沒魄力、沒主見、懦怯、判斷力差、財運差。

(11) **齒大／小**：齒大者，主動、爽朗。齒小者，警戒心重、妒忌心重。

(12) **齒平／尖**：齒平者，有同情心。齒尖者，衝動性急。

(13) **齒平均／不規則**：齒平均者，有信譽。齒不規則者，信口開河。

(14) **法令長／短**：法令長者有魄力、事業運佳、社交圈優良、判斷力強。法令短者欠魄力、事業運差、社交圈不良、判斷力弱。

(15) **法令闊／窄**：法令闊者社交圈闊、健康好。法令窄者社交圈窄、健康較差。

(16) **法令清楚／模糊**：法令清楚者健康有魄力、判斷力強。法令模糊者欠魄力、健康差、判斷力弱。沒有法令者，完全沒有積極進取的意願。

(17) **法令左右不對稱**：事業及居所不穩定。

(18) **法令斷續**：健康有問題，與近親緣薄。

(19) **嘴角向上／向下**：嘴角向上，積極開朗。嘴角向下，消極悲觀。

## 第三節　一官主十年的貴顯

傳統「面相學」五官之說認為：「問貴在五官，以目為主，問富在六府。」《人倫大統賦》云：「一官成，十年之貴顯，一府就十載之富豐。但於五官之中，倘得一官成，可享十年之貴也。如得五官俱成，其貴老終。」

這十年的期限，只是一個概括的說法。其中一至十四歲行耳運、十五至三十歲行額運（額不入五官之列）、三十一至三十四歲行眉運、三十五至四十歲行眼運、四十一至五十歲行鼻運、口管十五年，故五十至六十四行口運。

可知一個人的顯貴與否及應驗於何年，只要觀看他的五官是否清正，雖不中，亦不遠矣。

# 【巽】第四章：十二宮開運法

# 【巽】第四章：十二宮開運法

面相十二宮分別為：眉心間稱為**命宮**、鼻子稱為**財帛宮**、雙眉稱為**兄弟宮**、上眼瞼稱為**田宅宮**、下眼瞼稱為**子女宮**、兩頰稱為**奴僕宮**、眼尾稱為**夫妻宮**、鼻樑中稱為**疾厄宮**、額角稱為**遷移宮**、額中稱為**官祿宮**、眉尾上稱為**福德宮**、整個面稱為**相貌宮**。十二宮均以飽滿肉厚平滑為佳，一般忌有紋沖痣破。眉毛則以濃淡適中，根根見底，順暢為宜。

人生的富貴窮通、聲聞名達、心身康泰，都可在十二宮中表達出來，若能再參看各宮位的氣色變化（外篇的第六章），則個人的運轉如何，甚至與周圍的人正處何種關係，均可在相關的宮位找到答案。人生的得失起伏，像風一樣，聚散無常，【巽】卦象徵風，所謂風起雲湧，代表生滅滅生，既惜緣又隨緣，不強求，沒有執着，方能看破、放下、自在，故十二宮顯露的命理玄機與【巽】卦息息相關。

## 第一節　十二宮傳統口訣

十二宮的傳統口訣，除了艱澀難懂和不切合時代潮流外，更有誤導他人相信絕對命定論或宿命論的判語，例如：「破盡家財及祖宗」、「父母家財總是空」、「平生辛苦卻難成」、「衣食平平更不全」等，完全缺乏性格決定命運及命運始終任運在我手中的智慧，所以我決定從「知相以知心、修心以改相」的宗旨出發，與您們分享一些自己在命理及面相的研究心得，希望人人可以把自己的心性修正，把面相改好。面相改好了，自然性格與命運也隨之改好。

以下列出十二宮的傳統口訣，謹作參考：

## 一、命宮

　　詩曰：眉眼中央是命傳，光明停瑩淨學須
　　　　　通，若還紋理多迍滯，破盡家財及
　　　　　祖宗。

## 二、財帛宮

　　詩曰：鼻主財星瑩若隆，兩邊廚灶若教空。
　　　　　仰露家無財與粟，地閣相朝甲櫃豐。

## 三、兄弟宮

詩曰：眉為兄弟軟徑長，兄弟生成四五強，
　　　　兩角不齊須異母，交連黃薄送他鄉。

## 四、田宅宮

詩曰：眼為田宅主其宮，清秀分明一樣同。
　　　　若是陰陽枯更露，父母家財總是空。

## 五、子女宮

詩曰：子女三陽起臥蠶，瑩然光彩好兒郎。
　　　　懸針理亂來侵位，宿債平生不可當。

## 六、奴僕宮

詩曰：奴僕還須地閣豐，水星兩角不相容，
　　　　若言三處都無應，傾陷紋痕總不同。

## 七、夫妻宮

詩曰：姦門光澤保妻宮，財帛盈箱見始終，
　　　　若是奸門生黯黲，斜紋黑痣蕩淫奔。

## 八、疾厄宮

詩曰：山根疾厄起平平，一世無災禍不生，
　　　　若值紋痕並枯骨，平生辛苦卻難成。

## 九、遷移宮

詩曰：遷移宮分在天倉，低陷平生少住場，
　　　魚尾末年不相應，定因游宦卻尋常。

## 十、官祿宮

詩曰：官祿榮宮仔細詳，山根倉庫要相當，
　　　忽然瑩淨無痕點，定主官榮貴久長。

## 十一、福德宮

詩曰：福德天倉地閣圓，五星光照福綿綿，
　　　若還缺陷並尖破，衣食平平更不全。

## 十二、相貌宮

詩曰：相貌須教上下停，三停平等更相生，
　　　若還一處無均等，好惡中間有改更。

## 第二節　十二宮綱領

1.　命宮：位於兩眉之間的宮位，又稱印堂。
　　代表：**內心世界的真我、求謀、福祿壽元、**
　　**知識。**

2.　財帛宮：財帛宮是鼻的準頭及左右兩鼻翼，
　　也稱財庫的部位。代表：**財運、性格、魄**
　　**力。**

3.　兄弟宮：位於眉毛的部位。代表：**兄弟姊**
　　**妹、性格、交友、壽命。**

4.　田宅宮：位於眉毛與眼之間，是上眼瞼的
　　部位。代表：**家運、聲望、田土屋宇。**

5.　子女宮：子女宮又稱男女宮、陰德宮。位
　　置在兩隻眼睛下面，即是下眼瞼淚堂位置，
　　也就是俗稱眼袋的位置。代表**男女性慾、**
　　**子女、陰騭。**

6.　奴僕宮：位於下巴（地閣）及兩旁的臉頰骨
　　至兩邊嘴角的部位。代表**下屬、晚輩、住**
　　**宅。**

7. 夫妻宮：夫妻宮又名婚姻宮，位於左右兩眼尾奸門的部位。代表**夫妻緣份、男女感情。**

8. 疾厄宮：位在印堂之下，兩眼之間的位置。即山根部位，又稱健康宮。代表**健康病難。**

9. 遷移宮：又名驛馬宮、交遊宮。位在額頭兩側，即額角位置。代表**旅行、遷居。**

10. 官祿宮：又名事業宮。位於額之正中，由額頭髮際最上端天中位置向下直至印堂位置。代表**職業、地位。**

11. 福德宮：位於前額眉中及眉尾上方的部位。代表**幸運、祖蔭、內心。**

12. 相貌宮：相貌宮即指整個臉部。**總括終生。**

## 第三節　十二宮開運法詳解

### 一、命宮（代表：內心世界的真我、求謀、福祿壽元、知識。）

命宮位在雙眉之間的部位，又稱印堂。這是最重要的部位，它關係著一個人的性情起浮、脾氣躁暴與否、鬥志的強弱、願望的得失、壽元的長短、知識的多寡、事業的成敗、成就的高低、重病或意外能否渡過厄運、生活得快樂與否等。

**求謀之宮：**

一個人終生受命宮影響。它是個人的心性、念力、願力最先感應的地方；也是目前運氣的順逆，願望是否能夠達成，以及陞官、發財、納福顯現的宮位。所以亦被稱為求謀之宮。

古人皆認為命宮寬廣飽滿的人，氣量大，會展現出勇敢、積極、開朗、樂觀、進取、福蔭、領導等魅力。這自然使人、事、物的條件變得比別人優勝，有了這些成功的條件，願望自然容易達成。

狹窄的命宮象徵勞碌的性格，這些人對一切人、事、物因緣的得失，皆有想不開、放不下、捨不得的心性，多疑多愁，患得患失。尤其對人生的不如意，很容易表現出來，所以命運自然是成成敗敗了。

命宮超過兩根手指頭的寬度，代表意志不夠堅定，太容易誤信別人，又不大懂得如何拒絕別人，可是性格健忘，故作事容易有始無終。

命宮紋沖痣破的人，一般都自尊心強自卑感重，常以為受別人壓制欺侮，運勢亦隨之不會好，亦容易為情色招來不幸，影響婚姻的幸福。在判斷時特別要留意的是：(1)三條豎直長紋為陰德紋的一種，不以凶論，其人重人情，講義氣，主壽高名重。(2)兩條豎直長紋者，聰明、正義、有野心，主求謀成就，亦不以凶論。(3)一條豎直長紋又名懸針紋，其人性格頑強，做事具有積極投入的專注力及恆心，但自我意識過於強烈，人緣不佳，成為失敗的主因，故此不作吉論。

命宮為求謀之宮，求事謀事常與運氣有直接或間接的關連，故命宮的氣色揭示目前運氣的順逆。命宮氣色若呈現淡的黃色或淡淡的粉紅色，主平安、壽長、有吉兆，作事或事業都能達到理想與願望；若呈現黑色，對自己不好，主身亡；若呈現紅黑色，可能會有火災的預兆；若呈現青色，主虛驚。若呈現白色，主有喪服、哭悲之事或四周的人有危機；若呈現赤色，主有刑傷。

## 福祿壽元之宮：

命宮屬先天的福元，累世而來，而我們現世每天的所作所為，亦都記錄在命宮之內。

命宮破敗落陷的人，都會感到生命乏味，人生缺乏繼續生存的意義，結果走上自暴自棄，甚至自毀之路。況且命宮落陷的人，身體健康也常出現問題。大家不防多留意那些自殺人士，命宮通常都是破敗落陷的。

## 知識之宮：

命宮寬闊飽滿的人，見識廣博，知識範圍比較廣闊。而命宮狹窄或凹凸不平的人，見聞有限，知識範圍亦比較狹窄。

## 【命宮開運法】：

要命宮氣色好，身體方面要注意咽喉、肺、心臟、肝臟的健康。

習慣皺眉的人，在兩眉間及前額會形成皺紋，紋愈多，愈勞碌，所以經常皺眉頭是最不好的習慣，一定要改。相改好了，性格與命運也隨之改好。生理與心理是相互影響的。

**命宮強化法：**可先把雙手搓熱，接著按摩推拿印堂部位，然後沿兩眉毛劃出直到側面太陽穴的位置。久而久之，能使命宮飽滿瑩淨，自然能事事稱心。

如果兩道眉毛過於接近，形成過於狹窄的命宮，應該將眉毛稍加整修，自然心情也會隨之開朗起來。

命宮被紋沖痣破的人，要化解厄運，必需改變對人對事的態度，修心修性，最佳的開運途徑是信奉和實行宗教。

學會把生命過程的坎坷，當作人生的大道場。對無常的人生際遇，要有吃苦如吃補

的人生哲學，用歡喜心去迎接每一個的人生際遇與緣份，深信前世今生的輪迴，參透三世因果的劫難，悟出真空才能妙有，放下才能重生。

## 二、財帛宮（代表：財運、性格、魄力）

廣義的財帛宮，包括天財、人財、地財三種。天財即天倉部位，代表祖蔭、天助的財帛；地財即地庫部位，代表後天人助的財帛，亦代表不動產的累積；人財即鼻子部位，代表個人獲取財帛的條件。具足三種財帛條件的人，方可算是大富之人，擁有的財帛才可以不斷地以倍數增長。

面相十二宮的財帛宮窄義來說只包括鼻子的部位，即是人財的部份。傳統相學認為，鼻是看一個人獲取財帛的條件、財富聚積的條件、金錢應用的多寡，以及物質生活與精神生活的選擇。鼻子同時也是人的個性、抵抗、強硬、獨立、文明、進化的象徵。

### 財運之宮：

傳統相學認為問財在鼻，所以鼻為財帛宮，主宰人的財運。富有的人一般中停較別人

優勝，較為橫張，加上代表財帛宮的鼻子，豐隆有肉而不露骨，鼻樑高挺正直，鼻孔平視不見露，眼光銳利。橫張的中停代表交遊闊，易爭取進財的機會。鼻樑是財富來源之地，高挺正直者，是財源豐盛之象，財運自然佳。準頭豐隆有肉，對財物有強烈覬覦之心，故爭取財富的動力強盛。鼻孔平視不見露，代表財富的儲聚能力。眼光銳利，自然有獨到的眼光，判斷精準。

相反，若鼻樑塌扁，或高聳而窄、枯削無肉，主財富之源乾涸；鼻翼仰露的人，沒有理財的概念，主難有積聚，家無隔宿之糧；鼻孔寬無擋，入不敷出，無積反施；準頭缺陷，或鼻尖如鷹嘴，則主是多貪慾之人，財運反覆，晚景淒涼；鼻上有紋痕痣破，主有損財之患，容易財來財去。若鼻歪不正，左右不同，為人投機心重，潛意識裏有一夜致富的念頭，但這反成為其大破財的因緣。

從以上可以得知，鼻子長得完美，表示財氣充裕，生活能稱心如意，富貴有餘，故為主宰財運之宮。

## 性格之宮：

鼻高聳而窄者，而面相又是垂直拉長，一般重名而疏於利，亦較著重精神生活，任何事都以理想作為出發點，屬完美主意者。性格上亦較固執，主觀強，不易妥協，因此容易造出一些偏激的事。鼻子若潤而不窄，加上面相又是橫張的話，一生只著重物質方面的追求，任何事均以利益作出發點。鼻子不潤不窄，與面部比例平均的話，代表這個人能做到物質與精神的平衡。

若換個角度看，鼻子的肉象徵物質力，鼻子的骨骼象徵精神力，所以觀察一個人是屬於享受物質生活或精神生活，亦可從鼻子豐厚多肉抑或是枯削無肉而得知。

另一方面，整個鼻子的長度，應佔臉部的三份之一，鼻子過長的，為人較拘謹，處事過於猶疑；鼻子過短的，想到甚麼就做甚麼，缺乏周詳考慮。

## 魄力之宮：

鼻為肺之苗。鼻翼與鼻孔連成一體，鼻孔為呼吸器官，鼻孔大者呼吸暢通，肺容量

也隨之增加，肺部發達自然血液循環良好，身體也自然強壯健康，精力充沛，精神旺盛。所以從鼻子觀察一個人的魄力是最不過，故鼻亦為魄力之宮。魄力旺盛的人，呼吸量也比常人大，一般都有大鼻子，鼻孔夠圓大又不外露，自然夠膽色，又夠謹慎。若然再加上中氣足，聲音能發自丹田，細聲時響亮，大聲時沉厚，是為最佳的聲相，必主大富。

## 【財帛宮開運法】：

鼻子上半通肺，下半通腸胃。所以要財帛宮好，身體方面，要特別注意多作心肺運動，強肺以治本。同時也要注意胃、脾、大腸、小腸、十二指腸的保養。

**財帛宮強化法**：用大拇指、食指和中指掐住鼻準頭，緩緩的向前與下方提拉，並且配合呼吸。所謂配合呼吸，就是當慢慢的吸氣時，大拇指、食指和中指掐住鼻準頭，逐步提拉，然後閉氣，維持半分鐘。然後再重新開始。久而久之，能使鼻準頭壯碩，自然能提高魄力，財帛豐足。

## 三、兄弟宮（代表：兄弟姊妹、性格、交友、壽命）

兄弟宮即眉毛的部位，兩眉最能保護雙目，避免雨水汗水直接流入眼睛內，代表常得兄弟姊妹、平輩、朋友的關心與照顧。相學上也有所謂「眉毛看性格」之說，認為如果兩個人眉毛長得一樣，他們的個性和愛好差異不會太大。眉毛亦可以看健康，因為眉毛與內分泌有直接關係，所以相學上有所謂「問壽在眉」，眉毛亦稱為保壽宮。

### 兄弟姊妹之宮：

從眉的長度可知兄弟姊妹的多寡，以眉與眼等齊代表兄弟姊妹適中。何謂適中？即當時社會的平均數目，眉短則兄弟姊妹少於平均數目，眉長則兄弟姊妹多於平均數目。

### 性格之宮：

要知眉毛愈美好者，個性與資質愈優良；眉毛欠美好者，則個性中必雜有強烈獸性。

古人將眉毛分成八要點:

要退印: 眉頭相距兩指以上。主見多識廣。

要居額: 眉毛長在眉稜骨上。主自尊自重。

要毛順: 鋪陳有緻,濃中細發。主性情統一。

要過目: 眉尾要比眼尾長。主人緣好。

要尾聚: 眉尾不可散亂。主做事有始有終。

要有彩: 尾毛有亮光,眉肉翠潤或白潤。主身心健康。

要有揚: 自眉頭至眉身三分之二處略略向上再緩緩下彎。主剛柔並濟。

要根根見肉: 眉毛雖濃但不可濃如潑墨。主情理平衡。

如符合以上八項要件,加上其他各部位配合得當,主其人大有成就。如以上項目一項或多項有缺,則性格自有偏差,其中六種最差的情形被稱為六害眉:

銷印: 六害眉之一。多憂多愁,六親不力。

壓眼：　　　　六害眉之一。運蹇發遲，煩
　　　　　　　惱難安。

逆生：　　　　六害眉之一。性貪心狠，善
　　　　　　　變好鬥。

短眉：　　　　憂思勞碌，孤獨體弱。

散亂：　　　　六害眉之一。財亂心亂，虛
　　　　　　　偽狂妄。

黃薄：　　　　六害眉之一。性喜貪小，猶
　　　　　　　疑多病。

尾垂（俗稱　　好色貪淫，個性奸滑。
　八字眉）：

濃眉：　　　　多情多累，多妒多仇。

交加：　　　　六害眉之一。煩惱難安，少
　　　　　　　成多敗。

旋眉：　　　　氣短量窄，忤逆不孝。

斷眉：　　　　心情不定，諸多反覆。

重眉：　　　　優柔寡斷，庸碌無能。

眉毛若無：　　六親緣薄，個性孤獨。

## 交友之宮：

眉相中最重要的是要顧目，即是眉毛較眼
睛稍長，眉頭與眉尾略彎而包眼，秀麗端
正者，最能保護雙目，代表為人脾氣好，
身體健康，兄弟姊妹及六親皆能和睦相處。

這樣自然常得兄弟姊妹、平輩、朋友的關懷照顧。

眉的形狀粗而逆亂，表示個性不穩定，脾氣不好，所以對家庭、兄弟姐妹、平輩、朋友無關懷之心，因而交不到好朋友。眉若虧陷短促、疏散，主兄弟姊妹及朋友分離孤獨，難有兄弟姊妹及朋友幫助。

眉毛也顯示性格及處事作風，所謂物以類聚，因此眉毛能間接反影朋友的質素。

## 壽命之宮：

相學上有所謂「問壽在眉」，可知從眉毛可以看健康。中醫認為「眉為血之苗」，所以眉毛清秀細長潤澤有彩，表示血液循環暢順。若血液循環不暢順，則眉枯。又肺主憂思，中醫所謂「愁眉不展」，就是說肺若然健康，眉頭自然抒展，眉毛也會清秀美麗。從醫學上來看，眉毛與荷爾蒙的分泌，有直接關連，荷爾蒙分泌均衡，眉毛就潤澤光彩，表示精力充沛，精神旺盛。所以眉毛與健康有關，直接反影壽命。

一些人到了四十歲後，在眉毛中會長出一根或好幾根特別長的毫毛，相法上稱之為「壽毫」，又稱為「眉彩」，相學上所謂「眉潤有彩」，也就是指有壽毫。但要知道「毫宜生遲，早反促壽」，如果在二、三十歲就有壽毫，是反常現象，表示早熟早衰。另外如果「少年白眉」，則是腎虛血虧，荷爾蒙分泌失調，夭壽之象。

## 【兄弟宮開運法】：

要兄弟宮氣色好，在身體方面要注意肺、肝和小腦的健康，更要注意內分泌的保養。

兄弟宮強化法：眉相改變的要點，最好每日清晨，先將兩手搓熱，順向梳理按摩眉毛。女性眉毛過於粗濃者，可以考慮適度的修飾。強眉的治本方法，莫過於透過氣功或練習呼吸吐納。

## 四、田宅宮（代表：家運、聲望、田土屋宇）

田宅宮位於眉毛與眼之間，是上眼瞼的部位，主家運、名聲與田土屋宇財產。每當我們閉上眼睛，上眼瞼便把眼睛包裹起來，保護著眼球，這個在作用上與田宅屋宅幫助我們抵抗大自然的傷害相同，因此以上眼瞼為田宅宮是最合理不過的。

## 家運之宮：

一個人的家庭興隆與否，很多時可以在田宅宮顯現出來。兩眼及眼蓋最忌赤脈灌睛，主早年家園破財晚年無糧。兩眼骨枯及火眼冰輪，皆主田園難保，家財傾盡。兩眼大、露、凸或黃赤主破害田宅，又尅妻子。

田宅宮氣色宜淡粉紅色或淡黃色，主有進財和房屋地產的喜事，求謀無不遂。田宅宮的氣色暗黑，命宮也暗黑或赤紅，則可能會有官司與是非發生，家宅不寧，嚴重一點可能有坐牢之災；白色主有丁憂。

田宅宮由平坦而漸漸隆起，顯示家運開始興隆。相反若是由豐隆漸次平坦，則顯示家運開始衰退了。

## 聲望之宮：

眉毛和眼睛若是太接近，即是少於一根手指的人，性比較急，容易不小心得罪人，影響人緣，要有良好的聲望恐怕始終都無緣。若加上顴骨向兩邊橫張，行事更會走偏激路線，容易成為惡暴之類。

田宅宮太寬,超過兩根手指的人,缺乏生活主意,交友及用錢都不懂節制,故亦難成大器。

因此田宅宮過寬或過窄,對聲望都不好。

## 田土屋宇之宮:

田宅宮豐廣有肉,能獲得祖先的保佑及長輩的提拔,中年運的人緣好,自己有固定的資產或居住的地方很安定。

論田宅宮要配合天倉、地閣。天倉要飽滿,地閣要朝歸,色明而潤,眼蓋光滑豐滿,眉不壓目,主田宅進益,居住環境定佳。

田宅宮深陷、狹窄、無肉,主購買房屋地產或自建房屋總會出現不順利的阻礙,或不理想的設計格局而吃虧,或住所無法安定,常常搬家。

田宅宮若出現紅赤,小心家宅容易失火。

## 【田宅宮開運法】：

要田宅宮好，身體方面要注意胃腸或心臟的保養，注意大腦、側腦和小腦的健康。

**田宅宮強化法**：摩擦雙掌到發熱後，每天熨眼數遍，接著以指揉按兩眼之內外眼角。日久見功，氣色自會變佳，家運自然得到轉化。

## 五、子女宮（代表男女性慾、子女、陰騭）

子女宮位在眼睛的下方，即下眼瞼的位置，遠遠望去會隱隱高起，又稱臥蠶或淚堂。此處乃「心腎之交」為自律神經中樞分佈地區，與腎臟、生殖、血液、內分泌系統有不可分的關連，故又稱男女宮。

嬰兒成胎源於父精母血，故子女宮亦象徵子女的因緣。

此處乃代表心性的宮位及個人的行為是否符合社會的道德標準，又稱陰騭宮，代表福蔭子孫。

**男女性慾之宮：**

由於子女宮代表腎臟機能，而性慾離不開腎臟功能的強弱，所以用它來代表男女性慾及夫妻感情。

如年未過四十而子女宮有蠶肉堆集或枯陷無肉，或常出現青藍之色，表示其人因沈溺色慾耗損過度，影響了腎臟功能。

如蠶肉下垂成袋狀者，則已無性能力。

子女宮若色暗污濁，表示夫妻床第之歡不能協調，感情不睦。

好的夫妻結合，要求是靈慾一致。子女宮只為男女性慾之宮，若真要了解兩夫妻是否有一段完美的好姻緣，抑或只是有性無愛，或是有愛無性，則在察看子女宮時，要同時察看奸門所代表的夫妻宮和山根兩旁所代表的夫妻座。奸門代表夫妻間的內心感受，夫妻座是兩人的溝通。若能三方面都出現平滑飽滿，代表夫妻間有一段美滿愉快的好姻緣。

## 子女之宮：

有性慾自然有子女，故子女宮亦代表子女。

子女宮枯陷無肉，無子女，或為子女勞心勞力而得不到回報。

子女宮若有斑痣缺陷，代表其人對子女的關心，變成操心與煩心；過份的溺寵，子女反而驕恣、任性、不孝，自然聚少離多，成了子女是為討債而來的因緣。

若然是光潔潤色，與子女有甚深的福緣。

## 陰騭之宮：

青筋紅脈，為心性轉兇的預兆，影響血液循環系統和內分泌系統的正常功能。

眼下蠶紋，是陰騭紋，是繞著眼肚而伸展的紋，代表曾做過一些救死扶傷的事。若加上眼肚肉豐，色澤鮮明，主一生福厚，心想事成，是有福之人。

但若眼下有損陰騭紋（直紋或羅網紋）和污穢之色，則其人心性品德欠佳，口雖説仁義，內裏卻是淫惡邪曲，不可不防。

如蠶肉下垂橫生，同樣是陰險邪惡之人。

## 【子女宮開運法】：

要子女宮好，身體方面要注意腎臟、心臟、賀爾蒙內分泌與自律神經中樞分佈地區的保健。

應早睡早起，除掉夜睡的習慣，夜睡使子女宮出現浮腫及不良的青黑氣色。如果睡眠充足也有這現象，代表腎臟機能衰退，應及早延醫，以免繼續惡化。

**子女宮強化法**：腰背宜常保持溫暖。摩擦雙掌到發熱後，快速搓腰背三十六下，能使腰背發熱。腰背是人的陽面，腰背常暖，腎陽氣十足。腎陽氣足，則血氣通暢，子女宮乃致全面自然散發神光，運勢自然增強，人也自然長壽。

積德是暗中做善事不為人知，真心關懷別人，救人於危急危難時，久而久之，子女宮自然光澤明亮，甚或長出陰騭紋。

## 六、奴僕宮（代表下屬、晚輩、住宅）

奴僕宮位於下巴（地閣）及兩旁的臉頰骨至兩邊嘴角的部位，顯示與下屬、晚輩的關係和居住環境的好壞。

頭要圓，下巴要方或寬圓。奴僕宮方厚有肉而大，象徵一生有人服侍；小時候父母疼愛，長大後兄弟朋友照應，婚後配偶體貼，老來兒孫悉心照料。

### 下屬之宮：

奴僕宮豐厚寬圓且大，口如四字，地閣飽滿，兩顴輔助，主有領導才能與氣魄，得部屬與家人的信任、愛戴。很多企業家、政治家或德高望重者，都擁有方圓寬厚的下巴或雙下巴。若加上雙耳貼面，凡事不需勞心。

如果下巴短小、尖斜枯陷，則缺乏領導才能與氣魄，難與下屬、晚輩溝通，更無法服眾。

下巴若佈滿惡紋、惡痣的人，時常被下屬、晚輩所累。部屬不是不忠誠，便是貪污或製造是非，不但不得力，反而增加管理上

的困擾，亦會因施恩下屬、晚輩，反被他們的怨恨。

耳後見腮者，兩邊腮骨尖而突出，無法做到用人不疑、疑人不用。即使部屬眾多，也彼此不和，貌合神離，因而產生許多在管理上不該發生的損失，有些更恩將仇報。

地閣的氣色若是淡黃色和淡淡的粉紅色，主部下得力，合伙人愉快。若有濛濛的黑色，看起來髒黑有污點，主部下有意外。赤色主部下有口舌或破財。青色主部下受損傷。

**晚輩之宮：**

奴僕宮方厚有肉，子女緣份深厚。

相反地，尖削的下停，除了沒有好的下屬及追隨者導致一生波折較多外，亦不懂齊家之道，子女也不容易承歡膝下，晚運也孤獨淒涼。正所謂：下巴尖尖，老來孤獨天。

小腦發育不完整,影響下巴發育,下巴骨會後縮。下巴退縮的人,個性不穩定,忍耐力與實力不夠,家運也不佳,晚年比較孤獨。

審視奴僕宮,可推斷為人師表的,能否教出一些青出於藍的學生,如奴僕宮飽滿有力,則容易教出英才來。若只是飽滿而鬆弛,則學生雖多,出色者甚少。

**住宅之宮:**

具備豐滿奴僕宮的人,容易住進華麗的大屋。因為沒有足夠的居住面積,何以顧用僕人呢?

若田宅宮與奴僕宮同時出現明黃之色,代表短期內有置業的傾向。下巴若有惡紋、惡痣,住家也不如意,常會發生莫名其妙的不安與不順。

若是晦暗不明,顯示近期家宅不寧,尤要注意電器用品、水管或下水道、抽水馬桶不通或滲水的問題。

**【奴僕宮開運法】：**

要奴僕宮好，身體方面，要注意小腦、腸胃和手腳筋絡（經絡）的保養。若是有濛濛的黑色，看起來髒黑有污點，注意腸胃有寒氣、急性中毒或胃腸炎、或濕氣與抽筋。

平時多注意行為修養，廣結善緣，不要太刻薄，留點餘地。年輕時要強迫自己養成儲蓄習慣，晚年才有保障。

**奴僕宮強化法之一：**每天清晨叩齒一百六十遍，可強健下顎及牙齒。

**奴僕宮強化法之二：**雙手搓熱，直接按摩推拿地閣的部位，直到發熱。

## 七、夫妻宮（代表夫妻緣份、男女感情）

夫妻宮在眼尾與眉尾的部位，即古人所稱的魚尾和奸門的位置，又稱妻妾宮。它是觀看夫妻情份、夫妻後天因緣濃淡、和與異性因緣註定的宮位。

## 夫妻緣份之宮：

削陷肉薄，則夫妻的姻緣，必相對淡薄，最容易因衝動或盲目而選擇了錯誤的對像，或因後天環境而對應了先天無緣的註定。

豐滿色潤，男女皆可獲得良緣。

## 男女感情之宮：

少年早紋，代表少年早熟、勞碌、早遇情緣，如早婚，兩次姻緣乃在所難免。

男性左邊有痣者、女性右邊有痣者，特別有有異性緣、桃花緣，先天夫妻緣份刑尅，或會因異性而受到傷害。

若奸門不好但眼睛好，終身喜歡追求愛情。眼濁又奸門低陷的人，難獲愛神眷顧。眼神好且奸門美的人，則會滿足並珍惜已擁有的愛情，故容易成就美滿良緣。

**觀氣色方面**：論吉凶時，皆要有單象不成物，雙象成物對，三象成一物的觀念，即要將本命氣色、大限氣色、流年氣色一起觀看。

青色－主男女間發生憂愁或驚嚇之事。
赤色－主男女間發生口舌或是非之事。
黑白－主男女間發生悲傷或生離死別之事。
紅黃－主男女間有和諧或如意之喜事。
暗昧－主男女間已發生分離或少緣的現象，
不見得感情不好。

## 【奴僕宮開運法】：

要妻妾宮好，身體方面要注意肝、小腦、
後腦、心、膽的保健。

自古以來，先賢把夫妻宮上的痣所代表的
桃花緣，歸類為尅妻與刑夫。事實上，這
只是代表夫妻先天緣份被其他異性分薄罷
了。在現今社會，並不一定代表夫妻無情，
有時候這只代表丈夫或太太有利於從事異
性緣有關的行業。

所謂：「發乎情、止乎禮」，不執着，便能
既惜緣，又能隨緣去，不傷害夫妻的情份。

## 八、疾厄宮（代表健康、病難）

疾厄宮，又稱健康宮，在印堂之下，兩眼
之間的位置，即山根的部位。顯示身體的
健康、對環境的抵抗力、繼承祖業的條件、

夫妻的姻緣、是非意外的可能性、及面對災難的應變力，是人生成敗的其中一個關鍵部位。

疾厄宮是人生運勢的四大關鍵之一，此四大關鍵為一個人的瓶頸點，也為姻緣變化的突破點；人生衝破了障礙線，則又是另一階段的開始。那麼，何為人生的四大關鍵呢？就是二十八歲的第一大關鍵，四十一歲的第二大關鍵，五十一歲的第三大關鍵，以及六十一歲的第四大關鍵。而疾厄宮所面臨的轉機點，正是人生的第二大關鍵，成敗得失、吉凶禍福，皆在這時明朗化。

**健康病難之宮：**

疾厄宮豐滿潤澤，其人對疾病的抵抗力強，有自信心，對輕微的感冒不在乎，即使災禍，能運用機智，鎮靜應付，化凶為吉。如山根、印堂豐隆，光潤直達鼻頭，主身心康泰、財運亨通、福壽康寧。

疾厄宮低陷、鼻柱凹凸、枯骨、平塌無勢、有痣或青暗，主多病厄，或易生意外，心神多勞苦，容易消極悲觀，自卑感重，情緒易失控，好事多磨。

如何分辨是健康問題，抑或是意外問題？
主要看遷移宮，如果遷移宮同時出現不佳
的氣色，便要小心意外。

疾厄宮有痣，易陷三角戀之困。

疾厄宮有缺陷，人生易陷入低潮，事業有
中斷之象，亦容易有兩次以上的姻緣。事
情總愛往壞處想，有無耐感與無力感。

疾厄宮薄且黑，性格勞碌，辛苦中求財，
夫妻無緣之象，亦象徵欠缺投資的條件。

【疾厄宮開運法】：

要疾厄宮好，身體方面要注意直腸、心臟
的毛病。

若鼻柱彎曲，要注意脊椎也會歪斜，特別
要保養脊椎健康，好好加強個人的修養為
宜。

## 九、遷移宮（代表旅行、遷居）

遷移宮位在前額兩側，靠近髮鬢之處，即
邊地、驛馬、山林的部位。顯露其人先天
出外的命格、後天落葉歸根的定數，為出

國、旅遊、留學、移民、驛馬的因緣，發展國際性事務的機緣。

## 旅行之宮：

遷移宮寬廣、豐滿高隆之人，出外易逢貴人。事業發展在遠方，有出國旅遊的因緣，每於變動必向上發展，到老得人欽羨。

遷移宮若有痣疤缺陷，表示先天命中犯小人，忌諱出門，在外易與人結怨。

若然遷移宮過高，主職業難有安定。

行運至遷移宮時，遷移宮長青春痘或顏色晦暗，會不利外出；如旅行不利、調差不成、搬家損財等一切與外出有關的事情，都會有較不利的影響。

遷移宮氣色明潤淨潔，色紅黃明潤，主有陞遷之喜，亦主遠行、經商、結婚或工作的變動很順利，若昏暗缺陷及痣破，則不宜出門，恐有意外。若色青，主遠行失財受驚。白色，主遠行遭下屬暗害。黑色，主交通意外或身亡。

**遷居之宮：**

遷移宮出現彩紅透明的喜色時，表示遠方會傳來喜訊，如生意成功、移民批准或獲得國外大學入學資格等。彩紅透明氣色是預告陞遷之喜，當呈黃明氣色時，喜訊落實。

如天倉地庫偏斜，主經常搬屋。

額角低陷、眉交連，主到老難有安定住所。

**遷移宮開運法：**

要遷移宮色好，身體方面要注意大腦、側腦和小腦的健康。

遷移宮切忌被頭髮遮蓋，而令額頭形成三角，主交通意外及職業難有安定。如果額角髮線過低，可考慮把兩旁毛髮脫除。

## 十、官祿宮（代表職業、地位）
官祿宮位於額之正中，由髮際中央的天中位置直至印堂位。官祿宮又叫事業宮，主職位、地位與功名。

## 職業之宮：

官祿宮有痣、傷痕，主性格較傲氣，容易犯上，較不適宜做公職人員，也缺乏恆久的忍耐心，常常想更換職業，重新開始，做成事業反覆。如再加上滿眼是血絲紅斑，則易招官非，甚至主死於徒刑。

所以官祿宮凹陷或有亂紋沖破者，便不宜投身軍政警界。如做公務員亦不會得到長官信任及提拔，故只能從工或從商。只要有一技之長，加倍努力，積極奮鬥，雖然命運仍會有不如意之時，但要事業成功，是絕有可能的。

官祿宮氣色是由印堂發起，反應目前運氣的好壞及願望達成的機會。光明瑩潤有紅黃色，主有陞遷喜事。赤色主口舌是非。白色主有孝服生。額上雜紋多而現青色，主有憂疑之事或婦人有失夫之悲。

女性如官祿宮好，可以做職業婦女，在家當家庭主婦實屬可惜。

### 地位之宮：

官祿宮的部位要發達，肌肉要堅實，由印堂有骨隱隱直透天中，名為「伏犀貫頂」。主自尊心特別強，不願向人低頭，作事總是特別努力，爭取優良成績，所以事業容易成功，地位步步晉升，一生也不會有官非，如配合眉清目秀，印堂明潤，耳白於面，則主事業一帆風順，譽滿天下，福祿顯貴。

官祿位岩嶄低陷，主自卑感較重，要有成就或成名較難，如果又見紋痕沖破，則主事業較不順利。

### 官祿宮開運法：

官祿宮的氣色，和腦及咽喉有極密切關連，因此要注重身體這兩部份的健康，則可使官祿宮的氣色明潔。

### 十一、福德宮（代表幸運、祖蔭、內心）

福德宮，又稱貴人宮，位於前額眉中及眉尾上方的部位，大約有兩公分的寬度。福德宮可看一個人的福氣、運氣、財運與祖蔭、祖德。

## 幸運之宮：

福德宮，在相學上又稱為天倉、福堂，意思是天之倉、福之堂，堂然與財氣與福氣相關。

福德宮豐滿肉厚色潤者，多財也多福。

福德宮如凹陷、淺窄，即使能獲得一大筆錢財，也因不安份而最終不能享福。

若眉骨高但肌肉薄，其人數口甚精，很會賺錢，只可惜錢總留不住。

福德宮氣色，若紅黃發亮，主有貴人相助，財運亨通。看氣色來自何處，也表示財從何處來。如這紅潤氣色來自交友宮，這便是由於朋友的幫忙而賺的錢財；如這紅潤氣色來自額角驛馬宮，則預示財來自遠方。

福德宮若呈現像燒焦了似的氣色，主事業不順，手頭拮据，財運極差。看氣色來自何處，也表示何處須特別小心。如這氣色來自交友宮，便要小心被朋友、同事或拍檔所累；如這氣色來自額角驛馬宮，則預示由遠方所引起的災難或損失。

另外，氣色暗滯，主事業及財運俱不順。赤色主有口舌是非以致破財、青色主憂疑、白色主有災疾、黑色主意外之災或官司敗訴等。

福德宮正好是財氣與福氣的寒暑表，能在事情未變化之前預先發出警號，故被看成為幸運之宮，是最好不過了。

**祖蔭之宮：**

福德宮如凹陷、淺窄，主難有祖業及常見災厄，或早年離家，為人非常勞碌辛苦，不容易享福，而且會有不安份、企圖不勞而獲的心理。

**內心之宮：**

福德宮如肉厚骨實、豐隆飽滿、氣色明潤，為人心地善良，樂善好施。好積陰德，福澤自然深，自能善始善終。

福德宮如尖削無肉或有缺憾，不但勞碌，而且經常會遭遇失敗的挫折。多災多難，諸事不利，心理自然不平衡，容易變得孤獨、寂寞，那麼福氣、財運，都沒有份兒了。

**福德宮開運法：**

身體上要注重耳朵、支氣管、肺臟、骨髓的保養。

## 十二、相貌宮（總括終生）

相貌宮即整個瞼部。相貌官的看法是先看五官、五嶽、再察三停。

中國傳統相學，以前額為南方屬火，下巴為北方屬水，左耳及左顴為東方屬木，右耳及右顴為西方屬金，中央鼻子屬土。所以前額有缺點的人，一生忌火，或命中用神要火但又欠火；下巴有缺點的人，一生忌水，或命中用神要水但又欠水；… 如此類推。

「五嶽」形容面上五處應該高隆的部位：前額為南嶽衡山，下巴為北嶽恆山，左顴為東嶽泰山，右顴為西嶽華山，鼻子為中嶽嵩山。推斷五嶽吉凶的原則是平衡；這五個凸出的地方平衡才主吉，有所謂「五嶽豐朝，錢財自旺。」

又以黃河、長江、淮水、濟水四瀆，引申形容眼、耳、口、鼻。四瀆亦即是四條河流。河流要暢通、要深闊，崖岸整齊，而忌缺破。面相四瀆的相法原則與五嶽一樣，這四個凹入的地方如是平衡便主吉，正所謂「四瀆清明，終生福氣。」

眼、耳、口、鼻，加上眉，稱為五官。眼為監察官，耳為採聽官，口為出納官，鼻為審辨官，眉為保壽官。面相五官相法的原則亦是平衡，正所謂「五官欲其明而正」，「明」是指內部功能，「正」是指外表形象，以五官端正為五官相法的標準。

面相以眉及髮際以上為上停，眉至鼻頭為中停，人中至地閣為下停。面相三停相法，是觀面相三部的平衡。

## 子午中正

一個人的臉若用垂直的子午線正中分成左右，左右臉應該是對稱的。凡子午不正者，心術不正，思想低劣，個性不穩，欠缺耐力，故一生遷移不定，事業起伏，難主正權，投資理財亦未能得心應手。

## 五官端正

五官端正，為人正直，事事順利。若然五官不正，心術與性格一定不正，事多阻滯。

## 五嶽豐朝

五嶽豐朝，主事業亨通。五嶽低陷，必難有大業。

## 六曜齊明

所謂「六曜」，即雙眉、雙目、印堂、山根。「六曜齊明」，即這些部位皆能達到相學上完美的標準。代表其人精力充沛，富毅力，有見識，貴人多助，少年得志，事業有成的大貴之相。

### 耳珠朝海口

雙耳厚長，和圓大的耳珠，朝前傾向嘴巴，稱為「耳珠朝海口」。其人身體健康，個性穩定，擅掌握機會，理財能力亦高，晚年可大發。

### 三停盈滿

如三停平均盈滿，則主富貴福壽。上停代表智力，主思考力、推理力、綜合力。中停代表實行力，主權力、堅持力、反抗力、野心及冒險精神。下停代表情慾，主愛情、性慾。

### 上停額窄

上停額窄，額多紋線，若加上耳薄，早年辛勞，父母無助力。

### 中停眉疏散，眼露無神，鼻歪露骨，顴陷無肉

中停眉疏散，眼露無神，鼻歪露骨，顴陷無肉，中年辛苦財運差，勞而無功。

## 下停口不正，下巴無肉瀉陷

下停口不正，下巴無肉瀉陷，晚年辛勞孤寡。

總括來説，面上的部位，有如一隊軍隊，要互相呼應，才能發揮守衛山河，令江山立於不敗之位。只要配合得當，縱使軍隊中無精英人才，雖不成大國，但要悍衛家國，仍綽綽有餘。所以面相的吉凶推斷，定以各部位平衡匹配為先決條件。

例如：前額中央的官祿宮以及面部中心的鼻子，形成朝拱襯托的氣勢，其人肯努力追求事業的成功、地位和名望。再配合地閣，圓滿豐隆，可享受美好的成果。若再加上五嶽明潤相朝，主身體健康、長壽，可得祖業，有圓滿的家庭，自然福祿德厚了。但是如果有天倉而地閣薄削，主雖有祖業而難守業，晚年辛苦。又如是地閣豐圓但天倉尖削無肉，主早年艱苦起家，幸而晚景安樂。

## 第四節　總結

一般來看相的人，想知道的，不外乎人生五件事情：第一是財運、第二是愛情運、第三是事業運、第四是健康運，第五是流年運。能熟習這幾方面的推論方法，在相術上便可以算是登堂入室了。

看財運時，傳統十二宮法以財帛宮及田宅宮為主。三停配十神法則除了看代表財星的鼻相，及代表食傷的口和地閣外，還需要參看代表比劫的眼及眉毛。

看愛情運，傳統十二宮法以夫妻宮及子女宮為主。三停配十神法，男命則先看代表財星的鼻相，女命則兼看財官，要求顴鼻相配。然後，男命和女命都需要參看代表比劫的眼及眉毛。

看事業運，傳統十二宮法以官祿宮為主、次看遷移宮及奴僕宮。三停配十神法則較為靈活。對於為官或為公務員的，以代表官星及印星的顴及額為主要考慮點，但仍要與代表比劫的眼及眉毛同時參看，是命理學對應了相學的「顴額需察眉」的法則。為專業人士、創作人士或

以人際關係為本的行業，則以食傷、財及比劫齊參，所以要同時參看法令、地閣、眼、眉等位置。

看健康運，傳統十二宮法以命宮及疾危宮為主，加上相貌宮中的眼神及膚色同參。三停配十神法，亦以代表日元的命宮及眼神為主參，再以代表比劫的眉毛相輔，觀其元氣盛衰。最後用五行相法中不同部位的膚色，推測身體內臟的寒熱虛實，便能知病變的先兆。

看流年運，首先參看代表流年部位的形態及氣色的吉凶，然後參看代表該流年前後一年的部位的吉凶，最後再參看福德宮，以及代表元神的命宮及眼神，便可知其吉凶轉化的機會了。

這套「宮、神」重疊的相人心法，準確度十分高，甚至能推測得到來看相者的目的。原理十分簡單，就是從他的十二宮位及十神位置，找出氣色最吉利及最凶險的部位，根據該部位的十二宮及十神所代表的事，便能斷定他這時最為喜悅和最為憂心的事，那麼要輕易道出他的來意，又有何難哉？

# 【坎】第五章：易經六龍與流年面相

# 【坎】第五章：易經六龍與流年面相

## 第一節　易經六龍與流年面相總論

如何打通「流年面相」的任督二脈？秘密就在《易經》六十四卦的第一卦：【乾】卦。【乾】卦由六個陽爻組成，是所有卦的基礎。【乾】卦的六個陽爻，道出「龍」的六種變化過程。龍的變化過程，依循一個週期性的演變。這個演變的週期性和演變的特點，被廣泛地應用到各種專科領域，解釋領域內種種事物的生成變化；包括天氣的轉變、人生的成住壞空、文化的興盛衰落、金融地產市場的起伏、公司機構的現代管理方法等等。【乾】卦六龍就像人生六個階段，觀察龍的變化過程，得出的人生啟示，發人深省。

很多智者及開悟大師參透人生，悟出的哲理，都一致認同人生的發展與【乾】卦六龍的變化規律吻合：童稚的孕育與學習期、初出茅廬的種種人生鍛鍊期、從大惑至不惑的人生突破期、登上顛峰後的人生安穩期、乃至最後反樸歸真歸於平淡的引退期，都與六龍的週期性演變一致。可惜的是在「面相學」的領域，尤其於流年面相方面，理應道出人生週期性的演變，

竟然沒有相學家將這個宇宙定律融入分析，實屬可惜。我特在此詳加說明，助您認清六龍變化的要點，那您便可以自己逐一解開，看流年面相時常會遇到的死穴。

**第一變：潛龍勿用**（龍剛剛出生，還不懂飛，不能用他做事。）

【乾】卦六爻就像人生六個階段，從初爻起始，《易經》曰：「**初九：潛龍勿用。**」這是人生的第一階段，從呱呱墜地至十四歲止，**屬人生孕育期**，一切都尚在啟蒙的時候，需要靠父母與老師細心的呵護與教導，還未有自主的能力。但無可否認的，將來可能成為國家社會的未來主人翁，是屬於這些尚在潛伏階段的龍，他們雖然還談不上有甚麼成就，但卻有著無比的潛力，並非無用，只是還不到用的時侯，故稱勿用。

**第二變：見龍在田**（龍開始能行在地面上，開始可以用他。可是光靠自己，還是不能，還要有人幫助、有人賞識。）

【乾】卦第二爻，《易經》曰：「**九二：見龍在田，利見大人。**」這是人生的第二階段，從十五至二十四歲，**屬人生學習期**。尚在學習的階段，需要靠師長與同學的指導而加以學習，好比在農田耕種，要學習除草、耕地、播種、插秧、澆水、施肥、殺蟲、收割、打麥等。一方面耕種，一方面學習，遇到有疑難的地方，就要懂得去請教有經驗的人，屬於吸收儲備的時期，正是多向大人們學習的好時機。待學業完成，初出茅廬，便要面對人生的鍛鍊。

「練武三月，自覺天下無敵，再學三年，方知寸步難移」，亦正好用來形容此時的心情。少年凡事不可過份自滿，只要能事事虛心學習，自會有高人賞識，在旁幫扶、指點，故稱利見大人。

**第三變：終日乾乾**（終日自強不息，檢討自己，反省自己，小心，避免了解錯誤。）

【乾】卦第三爻,《易經》曰:「**九三:君子終日乾乾,夕惕若,厲無咎。**」此人生第三階段也,就是二十五至三十四歲,**屬於人生鍛鍊期**。就是不斷在摸索中尋找人生應走的方向,與及確立固定的目標。這是最重要的階段,亦是最容易想放棄目標,疏陀歲月的階段。古人云:「十年磨一劍。」能夠乾而又乾,終日自強不息,認真投入,不斷刻苦,基礎才能打得好、打得深,未來方能有大成就。很多人在這人生重要的時刻,好高騖遠,好逸惡勞,以至兜兜轉轉,把時間白白地耽誤過去,最終原地踏步,一事無成。這是人生的修煉期,為甚麼有人一事無成,有人恰恰相反的貢獻良多呢?所謂「不經一番寒徹骨,焉得梅花樸鼻香?」

《易經》六十四卦的每一個卦,都是由下上、內外兩個「八卦」組成的。第三爻是下卦(或內卦)的頂爻,是由下而上、由內而外最關鍵的一爻,是由內跳入外所必經的一爻,故亦象徵人生成敗最關鍵的一步。

由第三階段進昇至第四階段，正代表我們在社會能站穩陣腳，開始有成就了。可是，這亦是最危險的時刻，最容易會想放棄考驗的時刻，故此千萬小心慎重，絲毫疏懶大意不得，要時刻自強不息。俗語説：「一失足成千古恨。」世事如棋，一子錯，滿盤皆落索。將來欲做社會的中堅，於此階段就必須分秒不懈怠，《易經》稱之為「君子終日乾乾，夕惕若」，到夜晚仍謹慎警惕如白晝一樣，來表達這個不斷地磨練自己的階段。

**第四變：或躍在淵**（把握機會跳躍，能飛上天便成飛龍，不能便掉回水裏，變成潛龍。）

【乾】卦第四爻，《易經》曰：「**九四：或躍在淵，無咎。**」此人生第四階段也，就是三十五至四十三歲，**屬於人生突破期**。第四爻是預備跳升到第五爻「九五之尊」的前奏，但亦可能是進昇不成失敗地掉回水裏，變回潛龍，停留在內外卦之間的深淵鴻溝。這時是人生進入顛峰前所要經歷的轉捩點。

這是個怎樣的轉捩點呢？就是古人常說的四十歲「不惑之年」，或者應該更正確地稱為「大惑之年」，亦即是現代人所說的「中年危機」。到了四十歲，似乎已能看破人生的問題，知曉世間的遊戲規則，沒有了二十歲時的激情、三十歲時的使命感，但對很多事反而開始變得無動於衷，甚至起了質上的疑惑，例如營商的會開始對自己為何拼命工作感到困惑；執教鞭的會開始對教育的意義感到疑惑。在生命最基本的地方產生迷惘，心裏忐忑不安，就是四十歲的「危機」。弔詭的是，越被大惑所困的人，才越會不斷反省、不斷追尋，才會於最終真正到達不惑的境界，繼而飛上天，轉化成飛龍！果真能如此，便可順利進入第五爻「九五之尊」的位置。

**第五變：飛龍在天**（龍可以持續飛在天上，需要有賢德、有才能的人相助。）

【乾】卦第五爻，《易經》曰：「**九五：飛龍在天，利見大人。**」此人生第五階段也，就是四十四至五十五歲，**屬於人生安穩期**。人生進入這一階段，家庭與事業都達到了頂峰，屬於一個安穩狀態；無論在經濟、時間、身心、思想、知

識等各方面，都已達到安穩如意的地步，好比
天上的飛龍，神龍見首不見尾，可隨意自由翱
翔、自由發揮。尤其是那些在前半生能修心養
性，能與人為善，廣結善緣，厚植福田的人，
事業、家庭都順利如意，那麼眼裏所看見到的
世界及所有的人，都是非常的親切順眼，如魚
得水，如鳥翔空，此時就可自我比喻為「九五
之尊」了。君臨天下，悠然自得，自然所有看
到的人都會像累世大恩人般的親切。

**第六變：亢龍有悔**（龍飛得太高，每每曲高和
寡，易被人嫉妒。不受歡迎就會從天掉下地
來，返回終日乾乾的階段。）

然而一旦進入【乾】卦第六爻，《易經》曰：「**上
九：亢龍有悔。**」此人生第六階段也，就是
五十六歲及以後，**人生預備引退期**。此時的
體力，已大大不如從前，必須懂得耳順之道，
適時做引退的打算，方能做到從心所欲，安享
晚年。如果仍眷念權位，不識歸去來兮，就像
亢奮飛龍，飛過了頭，樂極生悲，變得孤單落
寞，復遭蝦戲。驀然回首，發現時不我予，曲
高合寡，後悔為何自取其辱？所以，**甚麼人生
階段，就應該做什麼事，都有其一定的法則。**

## 第二節　傳統流年運氣部位歌

欲識流年運氣行，男左女右各分形，
天輪一二初年運，三四周流至天城。
天廓垂珠五六七，八九天輪之上停。
人輪十歲及十一，輪飛廓反必相刑。
十二十三併十四，地輪朝口壽康寧。
十五火星居正額，十六天中骨格成。
十七十八日月角，運逢十九應天庭。
輔角二十二十一，二十二歲至司空。
二十三四邊城地，二十五歲逢中正。
二十六上主丘陵，二十七年看塚墓。
二十八遇印堂平，廿九三十山林部。
三十一歲凌雲程，人命若逢三十二。
額右黃光紫氣生，三十三行繁霞上。
三十四有彩霞明，三十五歲太陽位。
三十六上會太陰，中陽正當三十七。
中陰三十八主亨，少陽年當三十九。
少陰四十少弟兄，山根路遠四十一。
四十二造精舍宮，四十三歲登光殿。
四旬有四年上增，壽上又逢四十五。
四十六七兩顴宮，準頭喜居四十八。

四十九入蘭台中，廷尉相逢正五十。
人中五十一人驚，五十二三居仙庫。
五旬有四食倉盈，五五得請祿倉米。
五十六七法令明，五十八九遇虎耳。
耳順之年遇水星，承漿正居六十一。
地庫六十二三逢，六十四居陂池內。
六十五處鵝鴨鳴，六十六七穿金縷。
歸來六十八九程，逾矩之年逢頌堂。
地閣頻添七十一，七十二三多奴僕。
腮骨七十四五同，七旬六七尋子位。
七十八九丑牛耕，太公之年添一歲。
更臨寅虎相偏靈，八十二三卯兔宮。
八十四五辰龍行，八旬六七巳蛇中。
八十八九午馬輕，九旬九一未羊明。
九十二三猴結果，九十四五聽雞聲。
九十六七犬吠月，九十八九買豬吞。
若問人生過百歲，順數朝上保長生。
週而復始輪於面，紋痣缺陷禍非輕。
限運並沖明暗九，更逢破敗屬幽冥。
又兼氣色相刑尅，骨肉破敗自伶仃。
倘若運逢部位好，順時氣色見光晶。
五嶽四瀆相朝拱，扶搖萬里任飛騰。
誰識神仙真妙訣，相逢談笑世人驚。

## 第三節　易經六龍與流年面相詳論

### 第一階段：潛龍勿用
**人生孕育期**：幼年期，十五歲以前，運限的批算，以觀察雙耳為主。

### 第二階段：見龍在田
**人生學習期**：少年期，十五至二十四歲，運限的批算，以觀察前額相為主。

### 第三階段：終日乾乾
**人生鍛鍊期**：青年期，二十五至三十四歲，運限的批算，以觀察額側、印堂、眉為主。

### 第四階段：或躍在淵
**人生突破期**：壯年期，三十五至四十三歲，運限的批算，以觀察眼、鼻樑為主。

### 第五階段：飛龍在天
**人生安穩期**：中年期，四十四至五十五歲，運限的批算，以觀察鼻、顴、人中為主。

## 第六階段：亢龍有悔

**預備引退期**：老年期，五十六歲以後，運限的批算，以觀察人中、頰、嘴、下巴為主。

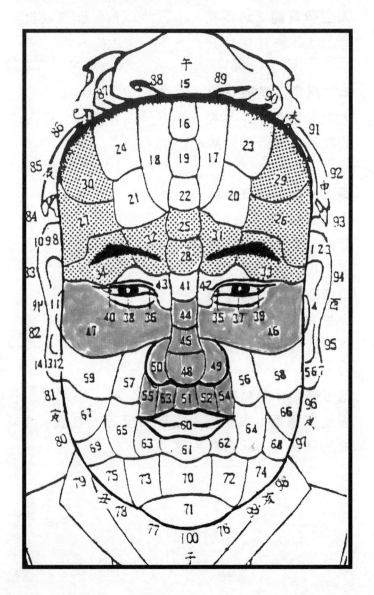

第一階段：潛龍勿用

**人生孕育期**：幼年期，十五歲以前，運限的批算，以觀察**雙耳**為主。

**一歲、二歲天輪**，行至耳朵的上面，耳輪那部份，這部份最好是有耳輪內捲，耳生得端正而色澤紅潤。**三歲、四歲天城**，行至耳朵內的耳郭（軟骨）那部份，此處最不可向外突出去，微有骨起便是最好的耳相了。**五歲、六歲、七歲天廓**，行到耳朵下耳珠的位置，這部份最好的是生有厚厚的耳珠，且微微向前突出，是最好的耳相。**八歲、九歲天輪**，行至耳朵的上面，耳輪那部份，這部份最好的是耳輪內捲，耳生得端正而色澤紅潤。**十歲、十一歲人輪**，行至耳朵內的耳郭（軟骨）那部份，此處最不可向外突出去，微有骨起便是最好的耳相了。**十二歲、十三歲、十四歲地輪**，行到耳朵下耳珠的位置，這處最好生有厚厚的耳珠，且微微向前突出，是最好的耳相。

## 第二階段：見龍在田

**人生學習期**：少年期，十五至二十四歲，運限的批算，以觀察**前額相**為主。

**十五歲火星**，位於正額，在髮際之上，骨格徵起為之有氣。**十六歲天中**，位於髮際中央，此處要高廣，髮際齊而開揚，光澤明亮。**十七歲日角、十八歲月角**，日月角部位要有骨微起，左右兩骨齊起而色光澤，是為日月角成。**十九歲天庭**，天庭是屬於少年運的中樞，位於髮際中央對下額頭之上，這部位需骨起有肉。**二十歲、二十一歲左右輔角**，輔角位於額頭之上，日月角隔離，如色澤鮮明紅潤，豐滿有肉，並有骨微起，是為輔角佳相。**二十二歲司空**，司空位於額頭的正中，此處需骨起有肉。**二十三歲、二十四歲左右邊城**，邊城又叫邊地，位於左右額角之上，此處需骨起有肉。

## 第三階段：終日乾乾

**人生鍛鍊期**：青年期，二十五至三十四歲，運限的批算，以觀察**額側、印堂、眉**為主。

**二十五歲中正**，中正在額頭，眉心對上之處，最宜平滿無痕，氣色鮮明。**二十六歲丘陵、二十七歲塚墓**，左丘陵、右塚墓位於眉骨之上，此處要飽滿和有肉，開揚廣闊。**二十八歲印堂**，印堂是個最重要的部位，直接影響人的一生，最重要是光澤平滿開揚寬闊。**二十九歲、三十歲左右山林**，山林在髮際額角兩邊踏，要寬闊光澤。**三十一歲凌雲、三十二歲紫氣**，凌雲、紫氣位於眉頭部位，這裏要開揚，不鎖眉心，不生倒毛，兼且眉毛光澤柔潤，眉根可見，毛順而不亂，上下起伏（即上半部眉毛向下生，下半部向上生是也）。**三十三歲繁霞、三十四歲彩霞**，在左右眉尾處，眉毛生得上下起伏，清而根根見底，色澤烏黑明亮，一點也不雜亂，眉尾不散。

## 第四階段：或躍在淵

人生突破期：壯年期，三十五至四十三歲，運限的批算，以觀察**眼**、**鼻樑**為主。

**三十五歲太陽**、**三十六歲太陰**，太陽、太陰就在左右眼睛的內側眼白之上，此處要清晰明亮，紅筋不侵，眼角銳利。**三十七歲中陽**、**三十八歲中陰**，中陽、中陰位於左右眼珠之上，眼珠要生得夠漆黑，而且十分之清晰明亮。**三十九歲少陽**、**四十歲少陰**，少陽、少陰在左右眼尾內的眼白和近眼尾處，最理想的是眼睛黑白分明，半點也不混濁，眼藏神，露真光。**四十一歲山根**，山根位於鼻樑對上，印堂之下，兩眼中間的位置，要生得高聳挺直，肉豐厚，氣色明澤為吉。**四十二歲精舍**、**四十三歲光殿**，精舍、光殿在山根和內眼頭之間，要皮肉氣色鮮明不黑，雙目藏神，山根不陷。

## 第五階段：飛龍在天

**人生安穩期**：中年期，四十四至五十五歲，運限的批算，以觀察**鼻、顴、人中**為主。

**四十四歲年上**，年上在正中鼻樑之上，最好是高挺有勢而不露骨，肉厚色黃明，如配上雙顴又佳時，必定能得強勢之運。**四十五歲壽上**，位於鼻樑上接著年上，最要挺直而不偏，高聳有肉，色不晦暗，黃明潤澤。**四十六歲、四十七歲左、右顴骨**，顴骨主要是看一個人是否有實權，在社會或機構裏地位高不高，這個位置要生得很豐滿有肉，並且要非常高聳。**四十八歲準頭**，準頭是主要部位，要豐厚有肉，圓而且大，代表財運特佳。**四十九歲蘭台、五十歲延尉**，蘭台、延尉是兩邊的鼻翼，倘若此處生得特別發達，且向外橫張的話，必定會在財運上獲得意外之驚喜。**五十一歲人中**，人中要深，上窄下闊，有如水滴狀。**五十二歲、五十三歲左、右仙庫**，仙庫在人中兩傍，這裏必需豐厚有肉、夠長。**五十四歲食倉、五十五歲祿倉**，食倉、祿倉在仙庫傍邊，此部位要生得厚而有肉。

## 第六階段：亢龍有悔

**預備引退期**：老年期，五十六歲以後，運限的批算，以觀察**人中、頰、嘴、下巴**為主。

**五十六歲、五十七歲左、右法令**，法令紋是生在鼻與口兩旁的紋線，這部位要生得夠深刻，隱隱向著口角兩邊延伸下垂，且清晰明潤。**五十八歲、五十九歲左、右虎耳**，虎耳位於兩顴骨之下方，這裏絕對不要下陷，平滿色潤是最好的。**六十歲水星**，水星即正口部，最好是方正而唇厚，色澤紅潤，嘴角朝上，上下相配。**六十一歲承漿**，承漿上接水星口部，下接地 閣下巴，首要色潤，次要光滑無紋痕。**六十二歲、六十三歲左、右地庫**，地庫在下巴與口正兩邊一指位至嘴角，是掌管一個人有沒有不動產和能否有積蓄的部位，這裏要生得夠飽滿。**六十四歲陂池、六十五歲鵝鴨**，波池、鵝鴨在兩邊嘴角對開約二指位，這個部位最好生得豐滿肉多。**六十六歲、六十七歲左、右金縷**，金縷位於嘴角下，最好肉厚或平滿，色澤鮮明光潤。**六十八歲、六十九歲左、右歸來**，歸來在陂池向外橫過約二隻手指位，這個部位要豐厚不陷，色鮮肉澤。**七十歲頌堂、七十一歲地閣**，頌堂、地閣生在下巴中間之處，最好飽滿肉豐，圓渾而微微向前突出。

七十二歲、七十三歲左、右奴僕，這個部位就生在下巴左右兩旁之處，最好飽滿肉豐，圓渾色潤。七十四歲、七十五歲左、右腮骨，腮骨是主要部位之一，這裏最好是圓滿有肉包，不見骨突，更忌反腮（俗稱耳後見腮），加上色澤明潤。七十六歲運行至頦部，這部位要厚而有肉，向前微朝。在七十六歲後，由下頦的位置開始，依十二時辰，每時辰兩歲，由子時計起，環繞整個面而運行一週至一百歲，週而復始的推算下去，但一般人論相多數論至七十五歲。

## 第四節　結論

孔子嘗自述曰：「吾十有五而志於學（孕育期、學習期），三十而立（鍛鍊期），四十而不惑（突破期），五十而知天命（安穩期），六十而耳順（預備引退期），七十而從心所欲，不踰矩。」正好作為人生的標竿，亦給「易經六龍與流年面相」定下了最佳的綱領，只可惜古來相學家未能體恤聖心呢！

【离】第六章：面相氣色大義

# 【离】第六章：面相氣色大義

看相論命，應先看「形、骨」，然後看「氣、神」，這與中醫望診斷病証的次序剛好相反。傳統一般都把觀氣色看成「面相學」的最高境界，甚至加入了很多神秘色彩，但若單從研究及學習的角度來看，觀氣色的原理法則不比面相相理的繁雜。凡學術理論必需經得起印證，才有流傳的價值。本章的重點是把中醫望診學、心理和生理學、及「面相學」，有關觀氣色的理論有系統地整合起來，讓您們作為可印證的學術知識來研究。

## 第一節　面相氣色的基本原理

何謂氣色？根據《太清神鑑》所說，形體身骨為看相的根本，氣色為看相的枝葉。故云：「論相應先究形體身骨，而後及於氣色也。」又云：「充乎皮內者謂之氣，現於皮上者謂之色，皆發於五臟也。」所以，氣與色是有分別的，氣是在皮內而色在皮外。氣先行而色後應，兩者都是出自五臟六腑。

《冰鑑》云:「面部如命,氣色如運。」《柳莊相法》又云:「骨骼定一世之榮枯,氣色定行年之休咎。」可知形體身骨等相理有如命理學「命」的定義,是不易改變的部份。氣色則隨時而改,時時在變,有如命理學「運」的定義。

在深入研究之前,先要認識以下觀看氣色的基本概念、原則、和禁忌。

**一. 觀看氣色的基本概念:**

1. 氣色絕不等如膚色,也不是單指顏色。氣色只是隱隱約約的表象,有深、淺、濃、淡、瑩淨、枯燥、晦暗、濁慘、浮、定、沉、滯的分別。

2. 氣色是因七情六慾所發,其形成的基本原理,為「心理影響生理,生理影響氣色」,亦即是「有諸內必形諸外」的大道理。當一個人能做到既修身且修心的境界,靈性自能開發,性格自會改善,身體自會健康,氣色也自會變好,運勢亦隨之轉化。此即「七分天命,三分人事」的改運心法也。

3. 氣色的變化，實為一個人吉凶禍福的寒暑表。吉凶禍福乃生平大事，故不可不察。

4. 紅赤紫色屬心火所發；青色屬肝木所發；黃色屬脾土所發；白色屬肺金所發；黑色屬腎水所發。

5. 氣與色之間的相互關係，有所謂「神安則氣壯，氣壯則色明」。《相理衡真》云：「氣者元氣也。渾行一身，週流於五臟六腑、百骸毛髮之間，七情出而發於皮膚之內，始則為氣，定則為色」。《太清神鑑》又云：「夫氣舒則色暢，氣恬則色靜，光潤華明見之於面，此皆色之善者。氣偏則色焦，氣滯則色枯，憔悴黯黑見之於面，此皆色之凶者。」氣旺的人，必然滿面壯實瑩淨，皮肉內外皆潤。氣衰的人，必然滿面浮散暗滯，或皮肉外發出不潔的油光。

6. 以上説明氣乃色之母，氣全的人色必佳，氣滯的人色必黯。要知道，有氣有色，方為上佳的好氣色，方為行旺運的準則。若有氣無色，其人終亦必富貴，只需待時機的到來。相反若無氣無色，則縱即發亦即散，有若曇花一現。所謂：「氣無色不靈，色無氣不驗。吾人寧可有氣無色，不可有色無氣。」簡單來説，色好不如氣好。

7. 氣是面上煥發的光彩，可以歷久不衰，不受時令的限制，不偶發偶散。而色的具體表徵則正好相反。《神相全篇》云：「色有輕重，朝見於面，暮收歸臟腑，欲知其形狀，大如毛髮，小如蠶吐絲，長者不過一寸，短者似一粒粟米，又如塵末。」

8. 觀色，特別重視時間性，為過去、現在或未來式的區別，特別強調「得時令及宮位者為吉色，反時令及宮位者為凶色」。

9. 《柳莊相法》云:「五官俱好,一體不
   虧,因何窮困?此因相好而氣色不好
   之故,蓋天不得時,日月不明,人不
   得氣,則運不通。」可知縱使面相部位
   好,若氣色不佳,仍難行好運。相反,
   縱使面上的部位有瑕疵,若氣色好,
   其人亦可遂其志,發展亦能順利。這
   個理論與命理學的批命運心法:「命好
   不如運好,運好不如流年好。」完全一
   致。

二. **觀看氣色的原則:**

1. 一個人的氣色,通常依年齡可分為四
   個階段:少淡、長明、壯艷、老素。

2. 一年的氣色,受四季本氣影響,宜依
   四季月令之氣觀看。

3. 面上的氣色,要配合面相五型格局,
   及不同的氣色出現的部位或宮位來觀
   看。

4. 觀氣色要注意五行生尅制化。

5. 每種氣色都要注意其深、淺、濃、淡、瑩淨、枯燥、晦暗、濁慘、浮、定、沉、滯之別。

6. 《柳莊相法》云:「氣乃神之餘、氣乃色之本。」所以應綜合神、氣、色三方面來觀察。

## 三. 觀看氣色的禁忌:

1. 對方酒後不看。

2. 對方色後不看。

3. 對方盛怒或悲傷後不看。

4. 人多的場合不看。

5. 觀相者本身有心事不看。

欲探求最高深、最準確的面相氣色學，必須旁通其他五術，相輔相成，突破己身瓶頸到達最高的境界。五術之中，以中醫望診學與面相氣色學為最相關、最直接的。中醫望診學認為，氣色是因為五臟六腑受到生理、心理刺激後，通過人體電能作用而呈現於頭面手足的表象。而根據這表象，再結合臟腑及經絡學說，便能準確地判斷所患為何病及其中病情的變化。面相氣色學與中醫望診學最大的分別是，中醫只論凶氣色而不論吉氣色，因為中醫的目的是診察病情。而「面相學」觀氣色的目的，是全面性觀看一個人；推論健康、事業、財務、家庭、婚姻、六親等情況，範圍及深度都絕非中醫望診學可以比媲。不過，如果要學好面相氣色觀法，中醫學的望診心法，也可算是第一層的功力。

## 第二節　中醫望診大綱

中醫認為臟腑的精氣皆上榮於頭。骨是形，目是神，氣如烟霧，色若毫毛。故中醫望診學推斷人的禍福壽夭，以神為先，以神為本（神藏於心，外候在目。神者，元神也、心性也。），次以氣為應，以氣推斷當下狀況。後方參看形的厚薄，以形推斷先天的五行條件。最後再以色合氣觀之，知正知邪，前後推詳，方可謂之完備。

「神藏於心，外候在目」。當人的神氣內含，自然兩目精彩，容光外發，表情自如，光明潤澤，生氣勃勃。如是的，便可稱為有神氣了。

天有五氣（風、暑、濕、燥、寒），食人入鼻，藏於五臟（風氣入肝、暑氣入心、濕氣入脾、燥氣肺、寒氣入腎），上華面頤。五行五色，青赤黃白，黑復生青，如環常德。青發於肝，黑發於腎，赤發於心，白發於肺，黃發於脾。

變色大要，生尅順逆。青赤兼化（木生火），赤黃合一（火生土），黃白淡黃（土生金），黑青深碧（水生木），白黑淡黑（金生水），白青淡青（金尅木），赤白化紅（火尅金），青黃變綠（木尅土），黑赤紫成（水尅火），黑黃鰲立（土尅水）。臟色為主，時色為客。春青夏赤，秋白冬黑，四季色黃。客勝主善，主勝客惡。

色見皮外，氣含皮中，內光外澤（非如浮光油亮，乃似潤澤之玉，並有光灼若動之力），氣色相融。有色無氣，有病命傾，有氣無色，雖困不凶。這是以氣色論病的基本指導原則。

**有神神清呼吸平，兩目精彩言語清，肌肉不削面榮潤，動作自如反應靈。紅黃隱隱為正色，光澤乾枯定吉凶。**

面色榮潤，兩目精彩，是心氣足。動作自如，反應靈敏，是肝腎氣足。呼吸平隱，肌肉不削，是脾肺氣足。紅黃隱隱，明潤含蓄，主胃氣足。

**動靜姿態分陽陰，陽動身輕欲見人，寒熱仰臥掀衣被，坐仰喘精肺脹因。陰靜面裏身蜷臥，身重近火虛寒深，坐俯少氣肺虛証，臥則氣逆水凌心。**

陽：為熱為實。特性：活動、表現、發展、分
　　化、興奮、亢進。

陰：為寒為虛。特性：順靜、潛藏、調節、統
　　一、抑制、衰退。

## 第三節　中醫望診異常之色

**1. 赤色主熱：**

滿面通紅赤甚者為實熱。兩顴潮紅微赤者
為虛熱（陰虛火）。面色蒼白，時而泛紅如
妝，嫩紅帶白，游移不定，而手足冷，是
虛陽上浮，真寒假熱之象。面色稍有紫氣，
是心臟病，肺心病等症兆。

**2. 白色主虛、寒：**

白為氣血不榮之象，為虛症、寒症。面色
淡白多為氣虛。蒼白、無光、浮腫，多為
陽虛。身體緊縮，面色蒼白，喜蓋厚被，
為寒症。

**3. 黃色：**

面色發黃，為脾胃虛弱，水濕內停，氣血
不足。面色淡黃，枯稿無光，為脾胃氣虛，
氣血不足。

4. **青色主寒、痛、驚風：**

   肝膽症候，面上常出現青色。目下顏色青
   白，精神抑鬱，手指麻痛，多為肝虛風。
   面部青色，善怒，脇痛，咽喉乾，多為肝
   實風。面目青黑，不能説話，四肢軟弱，
   為肝虛寒。婦女面青，是肝強脾弱，少食
   易怒，月經不調，憤怒驚恐。

5. **黑色主陰寒水盛：**

   面色發黑，主腎虛、寒症、痛症。顴黑為
   腎病。黑而暗淡為陰衰陰盛。黑而乾焦，
   腎精久耗。眼眶周圍發黑，腎虛。眼下青
   黑，面色如蒙塵為將病之兆。眼角或青或
   黑，主大病將發。面色如烟霧，為病將纏
   身之症。眼眶周圍發黑，如經期時出現屬
   正常。如由疲勞引起應予重視，因為一切
   疾病都是從疲勞和倦怠開始。

6. **面部浮腫：**

   面部浮腫，和肥胖差不多，區分是觀上眼
   瞼，如上眼瞼緣增厚，便為水腫。

7. **面消顴聳**:

   症病重,臨近死亡的相。皮下脂肪消失,容貌出現嚴重乾枯,太陽穴和眼窩凹陷,顴骨和鼻樑峭聳,耳鉛色發涼,嘴唇鬆弛,臉色棕黑或土色等。

8. **面部油脂**:

   精神壓抑,使油脂線活動失常的結果。

## 第四節　中醫望診觀　眼、鼻、耳、唇、髮

### 一. 眼

1. 眼通於腦,肝為竅,心之體,神之會。

2. 眼神:目色清濁,目光明暗,眼球轉動靈活性,瞳仁大小的調節。

3. 得神者,目光明亮,有精神,有神氣。眼睛黑白分明,光彩清瑩,視物消晰。

4. 少神者,目光晦滯,神氣不足,面色少華,精神不振,聲低氣怯,不欲言語,思維遲鈍,動作緩慢,飲食不振。

5. 失神者，目光黯淡，瞳神呆滯，活動遲鈍，面色暗晦，精神萎靡，身體況重，反應遲鈍。

## 二. 鼻

1. **靈樞額首眉間肺，目間主心鼻柱肝，鼻頭脾胃外大小，人中胱子外腎顏：** 兩眉之間稍上方主咽喉、兩眉之間主肺臟，兩目之間主心臟，鼻準之端主脾臟，鼻準兩側的鼻翼主胃臟，人中主膀胱與子宮。

2. 五色決於明堂，為人體五臟六腑精華氣血所顯露。

3. 肺色通於鼻，鼻居面中，屬陽中之陽。鼻頭明，山根亮，鼻色明潤為佳。

4. 鼻色青：青色主寒、主痛、主氣滯、驚風等症。為血氣運行不暢所致。鼻頭色青，多為脾土虛寒，不能溫煦濡潤於上所致。脾陽虛者為陰寒內盛，寒凝經脈，引致鼻頭青紫及腹中痛症。

5. 鼻色黃：脾病多見鼻色黃，胸上有寒，裏有濕熱，小便不利。

6. 鼻色白：主虛、主寒、主脫血、奪氣。

7. 鼻色赤：脾熱病者，鼻先赤。

8. 鼻黑：鼻頭微黑，主水氣內停，為肺、脾、腎臟之虛。

9. 酒槽鼻：肺脾胃積熱上蒸或酒濕熏蒸所致。

10. 鼻出血：肺經熱盛，胃經熾盛，肝火上逆。血氣深紅者，為肝腎陰虛，水不涵木，肝不藏血，致虛火上炎，傷及血絡。血氣淡紅者，為脾氣虛，不能統攝血液，離經外溢。

## 三. 耳

1. 耳殼豐厚柔軟，光澤紅潤，主先天腎水充足、腎氣旺盛、聰明、健壯。

2. 耳輪瘦薄乾枯，不光潤，是先天腎陰不足，腎氣虛衰。

3. 耳色白，多為寒。色青，寒、痛、驚風。色赤，風熱。耳色黑，痛甚，腎陽不足，虛極，腎水寒極生火。

## 四. 唇

1. 口為脾的外竅，唇為脾的華表。

2. 唇色澤紅而明潤，說明脾胃健運。

3. 唇色淡白，血氣不足，脾不健運，氣血虛虧所致。兼有心悸，失眠，食少乏力等症，為心脾兩虛，相當於神經衰弱。兼有畏寒肢冷，腰膝痠軟等虛寒症，為腰腎陽虛，不得溫煦所致。兼有久嗽，咳喘，為脾肺氣虛，痰濕阻肺。

4. 唇色深紅而乾，實熱之象。

## 五. 髮

1. 頭髮則乘腎氣及氣血的充養，故髮為血之餘，腎之華。髮黑濃密而潤澤，是腎氣充盛的表現。

2. 腎陰肝氣不足者：少年白髮，腰酸腿軟，頭暈耳鳴，心慌氣短，失眠健忘。

3. 火炎血燥者：頭髮枯黃，稀疏而細軟，伴有頭暈眼花，腰膝酸軟，男子陽強易舉，女子經少經閉。

## 第五節　面相氣色傳統口訣

黃色分明吉，尤看紫更紅。
光華須富貴，滯闇便為凶。

青色須還正，春風偃柳條。
若如煙霧靄，憂恐在崇朝。

赤色宜華潤，焦悴定不安。
兩脣相印吉，終歲位高官。

白色如銀煆，勻勻透肉光。
若還乾不潤，喚作犯金亡。

黑色無煙黯，光華喜可知。
有時如點漆，一死定無疑。

【正色歌】

天庭紅色現，職官多遷轉；
仕路有異名，黎庶皆榮變。

印堂色白青，官事主有驚；
若見紅黃色，恩詔赴皇庭。

山根赤黑浮，火盜兩悠悠；
青白入宅散，蹇滯未能休。

鼻黑青焦凶，黃紫喜財隆；
赤色血光見，更防刑殺衝。

正口赤光病，青黑難存命；
白光唇口憂，黃色家胥慶。

承漿地閣黃，家宅慮火光；
紅色招財穀，青白色憂惶。

法令有白氣，兒病緣此意；
青黑主喧爭，若黃觀者喜。

黑氣入三陽，千金不可換；
為官損失祿，士庶破財亡。

命門黑色見，不久必歸陰；
赤色身遭害，白色主哭聲。

【九靈氣色歌】

青色，木色也。如晴天日將出之狀，而有潤澤為正，為吉。若乾枯凝結，閃閃不定，而白色者，為克木。逆時，居財帛，破財。居父母，則父母有疾。居子息，則子息有疾。赤色木生火為滯氣，亦破耗，主官訟。口舌黃色，屬土木，克土為財。主春月，為祿旺。黑為水之生木，雖如淡舌濃，亦主災禍，太重，主死亡。

紅色，火色也。如隙中日影之色，而有滑澤為正，為吉。若焦烈燥煩如火，熾而黑氣者，主大禍。居疾厄，主死。居官祿，主囚禁，降官，失職。白色為金，主發財大旺。黃色，火生土，為滯氣，財憂相半。青色為木，生火太盛，亦生悲憂，喜惡相半。

白色，金色也，如玉而有潤澤，為正為吉。若如粉如雪而起粟者，則主外孝。黑色為滯氣，主破財，又主大病。赤為火，克金，主官非口舌。家下虛驚，百不如意。青為木，金克木，為財憂喜相半。黃色土生金，謀事有成，百事稱心如意。

黑色，水色也。如漆有潤澤者，為正為吉。若
如煙煤而暗色者，則主災，白色為金生水，主
財祿。黃色土克水，主災，主兒女有疾，有財
帛，主在破。赤色為火，多旺，反克為財。太
赤，亦生官非，不為大害，亦散為火。冬三月
無氣，故青為滯氣，主破財，反為有災，凡事
不如意。冬有青色，防春瘟家病，度術福祿之
也。

四季月，年壽宜黃如邪色，白主福，紅主訟，
及患病破財。克火珠焰發者，主火災。青主驚
恐，疾病，黑主大病，死亡。黃者，主疾病失
脫。

以上氣色雖現，尤為有，神色正而神脫，色亦
空耳。色邪而神旺，色終莫能為大災矣。

【相訣秘傳】

有氣無色，此為潛伏種因，主事的時間未至。有色無氣，此為虛浮，主事之有變。有氣有色，則生事之定期應驗。氣色充足者，主事的應驗必速必大。氣色短淡者，主事的應驗必遲必小。如有破財散財之氣，有九年不散盡者，亦有七年、五年、三年不散盡者，至少應驗一年。如有散財之色，有一年不散盡者，亦有一季、一月，至少應驗半月。其有發達之氣，有五年不改變盡者，亦有三年、二年不改變者，至少應驗一年。其有發達之色，有一年不改變者，亦有一季、一月，至少應驗半月。

## 【公篤相法】

面部如命，氣色如運（相理如命，故成年後較不易改變；氣色如運，隨時而改，時時在變）。大命固宜整齊，小運亦當亨泰。是故光焰不發，珠玉與瓦礫同觀；藻繪未揚，明光與布葛齊價。大者主一生禍福，小者亦三月吉凶。

人以氣為主，於內為精神，於外為氣色。有終身的氣色，「少淡、長明、壯豔、老素」是也。有一年的氣色，「春青、夏紅、秋黃、冬白」是也。有一月的氣色，「朔後森發，望後隱躍」是也。有一日的氣色，「早青、晝滿、晚停、暮靜」是也。

科名中人，以黃為主，此正色也。黃雲蓋頂，必掇大魁；黃翅入鬢，進身不遠；印堂黃色，富貴逼人；明堂素淨，明年及第。他如眼角霞鮮，決利小考；印堂垂紫，動獲小利，紅暈中分（如果兩眼下方各有一片紅暈，而且被鼻樑居中分隔開來從而互不連接），定產佳兒；兩顴紅潤，骨肉發跡。由此推之，足見一斑矣。

色忌青，忌白。青常見於眼底，白常見於眉端。然亦不同：心事憂勞，青如凝墨；禍生不測，青如浮煙；酒色憊倦，白如臥羊；災晦催人，白如傅粉。又有青而帶紫，金形遇之而飛揚，白而有光，土庚相當亦富貴，又不在此論也。最不佳者：「太白夾日月，烏鳥集天庭，桃花散面頰，預尾守地閣。」（「白色圍繞眼圈，此相主喪亂；黑氣聚集額頭，此相主參革；赤斑佈滿兩頰，此相主刑獄；淺赤凝結地閣，此相主凶亡。」）有一於此，前程退落，禍患再三矣。

【冰鑑氣色章】

夫精明五色者，氣之華也。赤欲如白裹朱，不欲如赭；白欲如鵝羽，不欲如鹽；青欲如蒼璧之澤，不欲如藍；黃欲如羅裹雄黃，不欲如黃土；黑欲如重漆色，不欲如地蒼。五色精微象見矣，其壽不久也。夫精明者，所以視萬物別白黑，審短長，以長為短，以白為黑，如是則精衰矣。

【素問 • 脈要精微論】

## 第六節　氣色出沒的觀看法則

氣色分類雖多，一般約可分為十種，即青、黃、白、黑、紅、赤、紫、暗、滯、朦諸色，各色所具的特性分述如下：

青色：主驚恐、憂慮、煩惱、忿怒、疲勞等。
黃色：主歡愉、進財、喜慶、升遷、功勳等。
白色：主憂愁、破耗、死亡、孝服、刑克等。
黑色：主疾病、災禍、破耗、敗業、刑克等。
紅色：主歡愉、情欲、喜慶、進財、創業等。
赤色：主災難、火厄、血光、官非、別離等。
紫色：主大悅、大財、榮升、見之大吉大利。

暗滯矇色：此三種本來無色，不過發於皮下，
　　　　　現於皮上而已，其出現部位多在額
　　　　　上眼下雙耳手掌等處，其休咎主運
　　　　　程塞滯及損耗，凡見此三色，主時
　　　　　運不遂切宜保守忍耐。

以上十色，看是凶多吉少，然又有華明與枯暗
之別。華明者如紙張的表面，枯暗者如紙張的
反面，精粗有別，細看便知。無論何色，如枯
暗而不華明，雖紫色亦不可言吉，反之，如華
明而不枯暗，雖赤黑色亦不可言凶，吾人應慎
重細觀方不致有誤，否則，失之毫釐，差之千
里矣。惟獨黃色一項，雖不華明亦不主凶（但
口唇等少數部位例外），就時運而言，大都處
於平平的境遇。若以色的浮沉深淺而論，則
浮主未來，定主現在，沉主過去，深者應吉凶
之期近，淺者應吉凶之期遠。至於面上小瘡小
皰，亦與氣色有密切關係，應一併觀看辨別之。

下文詳述七種主要氣色出沒的觀看法則：

1. 青氣色：

   - 青色發於肝經，五行屬木，其令為春，主憂驚。

   - 青色最要青而明潤並有生氣者是為青的正色，發於春季不忌，餘則不論何時均主不吉。

   - 青色初起之時，隱隱然如雲霧，漸漸似銅青，主憂事將至。

   - 青色將盛之時，如草木初生，又似瓜果之色，此時憂緊而重，惟色輕者主外憂，色重者主內憂，色濁者主遠憂。

   - 青色將去之時，如碧雲之青，霏霏然浮散如雲行，此時憂事已鮮，青色全散者主憂事已過。

   - 若青中帶黃夾系合而為一者謂之滑色，青淡而有浮光青白夾雜合而為一色者謂之膩色，滑色膩色均為青色的別種亦主不吉。

2. **黃氣色：**

- 黃氣色發於脾經，五行屬土，旺於四季，主喜慶。

- 黃色雖旺於四季，但不宜發於唇口。黃色活潤光亮而又貼肉不浮者是為黃的正色主吉，如凝滯泥汙則不論何時亦主凶。

- 黃色初起之時，如蠶吐絲，主喜慶將至。

- 黃色將盛之時，如蠶束繭，或狀似馬尾色如亮蠟，主喜慶已至。

- 黃色將去之時，如柳絲博聚斑駁，主喜慶已過。

- 若黃中帶黑停滯不潤如油垢者謂之暗色，暗色為黃色的別種主不吉。

3.  **白氣色：**

    *   白色發於肺經，五行屬金，其令為秋，
        主哭事。

    *   白色光潤瑩潔者為白的正色，秋冬發
        於地閣者不忌並主吉，餘者不論何時
        均主凶。

    *   白色初起之時，如白塵拂柱，主哭事
        將至。

    *   白色將盛之時，如膩粉散點。或狀似
        白紙，主哭事已至。

    *   白色將去之時，如灰垢之散，主哭事
        已過。

    *   若白滯而漫內白外膩者謂之慘色，慘
        色為白色的別種主凶。

4. **黑氣色：**

- 黑色發於腎經，五行屬水，其令為冬，
  主災疾。

- 黑色中透光彩似有光芒顯露者為黑的
  正色，發於冬令者不忌反主吉，餘者
  不論發於何時不拘何宮均主凶。

- 黑色初起之時，如烏鴉之尾，主災疾
  將至。

- 黑色將盛之時，如黑色得膏，主災疾
  已至。

- 黑色將去之時，如落垢末，主災疾已
  過。

- 若其色昏沉如地灰之濕者為晦色，晦
  色為黑色的別種主運程塞滯，如晦色
  似塵封者（或稱黑滯色）則為禍既重又
  久矣。

5. **紅氣色：**

- 紅色發於心經，五行屬火，其令為夏，
  主財喜。

- 紅色多在皮外膜內，其色紅活焰焰，動有光而勢大，點滴分明，如豆如米，絲絲明潤，內外俱應者為紅的正色，不論發於何季均主吉，惟春夏最宜。

- 如紅色連成一片，散亂而浮或不成點滴者均非善色，若成片或色似赤斑疹狀者反主凶。

- 又紅色與赤紫二色的分辨方法，紅之淺者為紅色，紅之深者（即紅中帶黑之謂）為赤色，紅之暗者（即暗紅或紅上加紅之謂）為紫色。

**6. 赤氣色：**

- 赤色乃心經匯合腎經所發，亦即腎水來克心火或心火反悔腎水，紅黑二色浸染而成。另紅色燥烈散亂成片者亦作赤色看。

- 赤色為紅色的別種主災凶。赤色為不吉之色，不論發於何時（夏季微赤不忌）不拘何宮皆主凶。

- 赤色初起之時，如火之始焰，主災凶將至。

- 赤色將盛之時，炎炎如絳繪，主災凶已至。

- 赤色將去之時，如連珠累然，主災凶已過。

- 赤色出現有時只侵一二宮，有時運繞五六宮，則為禍最烈，輕者破家敗業，重者喪命亡身。

- 如赤中帶青帶黃為花雜，禍可減半論。如赤中帶鮮紅亮光則主吉，如赤中透出嫩黃亮光則主轉禍為吉，如赤中帶焦黑之色則主大凶矣。

**7. 紫氣色:**

- 紅紫乃骨髓勻合心經所發紅色變成，乃紅色的別種主大吉。

- 紫色發於皮外膜內，深紅鮮活，不散不焰，隱隱深藏，瑩瑩堅入，微微光亮如紫霞彤雲，猶在肉裏但透出皮外，此乃正紫色。

- 紫色初起之時如兔之毫，主吉事將至。

- 紫色將盛之時，如紫色之草，主吉事已至。

- 紫色將去之時，如淡煙籠枯木，隱隱然得土木的餘氣胎養。

- 紫色為大吉大利之色，多發於天中天庭印堂三陽三陰等部位，不論四時節令，公職人員定主榮升功勳，庶民亦主進田宅得利權生貴子。

- 但紫色發於水星上下則主驚擾是非。

## 第七節　五行氣色吉凶占應法

**1. 氣色深淺的辨別方法：**

欲知氣色的深淺濃淡，宜先看五嶽四瀆，因氣色先發於嶽瀆，難聚難現，遇吉不到不驟開，遇凶不到不驟發。所以凡事業看嶽瀆，可知氣色的深淺濃淡矣。

**2. 五行氣色所主吉凶方位：**

- 青色：青的正色旺在東方主吉，如青色重者則宜往東南方始可轉凶為吉，若往西北方則主有災禍。

- 黃色：黃的正色方位不拘均主吉，如黃暗色者則應擇火土旺月往火旺之地始可轉凶為吉，北地水旺大忌。

- 白色：白的正色旺在西方主吉，如白慘色或枯白色則不宜往東方或東南方主凶，應往西方主轉凶為吉。

- 黑色：黑的正色旺在北方主吉，如黑色重者則不宜再往北方，應往東方或東南方主轉凶為吉。如黑輕黃重則宜往西方為吉。

- 紅色:紅的正色方位不拘均主吉,如紅色重者應作赤色看,宜往東北水木旺地可轉凶為吉,若往南方火旺的地主災厄難逃。

- 赤色:赤色一至,應往北方可轉凶為吉,或遠行千里方可免災。

- 紫色:紫色一至,福自天降,任何方位均主吉。

3. **五行氣色所應日期:**
- 青色:青色在外者應甲乙日,青色在內者應寅卯日。

- 黃色:正黃色者應戊己日,暗滯色者應辰未戌日。

- 白色:正白色者應壬癸亥子日,慘枯色者應申酉日。

- 黑色:黑色應七日內,黑氣應一月間。

- 紅色:紅色應丙丁日,紫色應巳午日。

- 赤色:赤色光潤者應火旺之日,赤色重者應水旺之日。

**4.** **五行氣色所應時刻：**

- 丑未戌辰時，黃色為正色。

- 寅卯時，青黃為正色。

- 正午時，赤黃為正色。

- 申酉時，白黃為正色。

- 亥子時，黑黃為正色。

**5.** **犯色不宜行事日期：**

- 赤色忌丙丁火日，主行事不利，白色亦忌火日。

- 紅色忌壬癸水日，主行事不利，黑色亦忌水日。

- 黃色忌甲乙木日，主行事不利，青色亦忌木日。

## 第八節　四季月令氣色的觀看法則

觀看四季月令氣色時，最宜注意之點在方位，即東位宜青不宜暗，南位宜紅（赤）不宜白，西位宜明不宜青，北位宜白不宜紅（赤）。又須注意天倉地庫的分別，倉宜黃潤透紅，庫宜白潤黑潤，此乃定理，反此即有災凶破敗憂驚官非刑克。

1. **春季：**

   - 春三月，東方甲乙木，部位在右顴。

   - 青色現旺相也，主先有憂驚後見財喜。

   - 紅（赤）色現相生也，主先有口舌後見財喜。

   - 白色現囚也，乃金克木，主有牢獄之災。

   - 青黃同現者，乃木克土也，主死亡之兆。

- 黑色現，春木忌水多，主災凶破敗。

- 其他部位如三陽青色，男主有災殃，
  三陰青色，女主有災殃。三陽三陰明
  潤微紅主有男喜，三陽三陰青潤黃潤
  者主有女喜，三陰三陰赤黑暗滯者主
  有產難。又準頭至山根印堂上迄天庭
  有黃紅光彩者，主榮升遷調進財置產
  等喜慶。

2. **夏季：**

- 夏三月，南方丙丁火，部位在額。

- 紅（赤）色現旺相也，主先有口舌後見
  財喜。

- 黃白二色現相生也，但白色主先吉後
  凶，黃色主先凶後吉。

- 黑色現囚也，乃水來克火，主災病敗
  業官非。

- 青色現大凶也，因夏火不宜木來生也，
  主重病死亡。

- 其他部位如左眼下黑色，男主有疾病，右眼下黑色，女主有疾病。兩眼下及眉內法令有暗晦之色者，主破敗官非。準頭至山根有黃紅光彩者，主百事遂意見財見喜。若準頭至山根現黑色者，主求謀不遂功名無望。年壽黑色，輕者主疾病，重者主死亡。

3. **秋季：**
   - 秋三月，西方庚辛金，部位在左顴。

   - 白色現旺相也，主先有哭事後見財喜。

   - 黑色現相生也，主先有疾病而後吉。

   - 青色現囚也，金木相克主不吉。

   - 赤色現大凶主死，因火旺金熔也。

   - 其他部位如準頭火焰者主官非破敗。準頭至山根紅黃光彩者主百事遂意官財兩旺。左眼下赤色男主有災殃，右眼下赤色女主有災殃，魚尾黑色主有水厄之憂。山根黑赤昏昧主兄弟病患。腮及口角黑氣主有內臟暗疾防死亡。

**4. 冬季：**

- 冬三月，北方壬癸水，部位在地閣。

- 黑色現者旺相也，主先凶而後吉。

- 青色現相生也，主先驚而後吉。

- 黃赤二色現囚也，黃色乃土克水主凶，赤色乃水火相克凶也。

- 白色現枯者主凶，黑色中透白光者主吉。

- 其他部位如兩顴黑黃主官非破敗。兩眼下赤黑主男女交往不利。山根黑黃色主家宅不吉及用人不利。印堂青黃主百事欠順。印堂黑主水厄及意外災禍。眼下重青主病疾，額有黃色主見財喜。額有青色主孝服官論。額有黑色主防凶災。

## 第九節　十二宮氣色的觀看法則

1. **命宮**：印堂不宜昏暗，要平正明潤，主壽長久，身常吉，得貴人之力。如有黃紫色，主陞官進權，獲功進祿，及旺人丁。常人亦主喜慶而旺財源。如有青滑膩各色，主小破敗，及小損失，及憂愁不遂，勞而無功，亦主小疾。如有赤紅色，主危險損失，牢獄枷鎖，及受傷與死亡之災，罷職失權也。如有白慘色，主百事不遂，刑尅人丁，疾厄流連，招嫉結怨。如有黑黯晦各色，主危險死亡，損失破敗，瘟疫牢獄之例。以濃淡輕重，為事實的決斷也。

2. **財帛宮**：天倉、地庫、金甲櫃、井、灶，總曰財帛官。須要豐滿明潤，財帛有餘，忽然枯削，財帛消乏。有天無地，先富後貧。天薄地豐、始貧終富。天高地厚，富貴滿足，蔭及子孫。額尖窄狹、一生貧寒。井灶破露，廚無宿食。金甲櫃豐，富貴不窮。氣色昏黑。主破失財祿，紅黃色現，主進財祿。青黃貫鼻、主得橫財。二櫃豐厚，明潤消和，居官而受賞賜。赤主口舌。

3. **兄弟宮**：眉須要豐蔚，不宜虧陷。眉長秀則兄弟和睦，短促不足，則有分離孤獨。眉有旋毛，兄弟眾多狼件不常。眉毛散者、錢財不聚。眉毛逆生，仇兄賊弟，互相妒害，或是異姓同居。眉清有彩，孤騰清高之士。眉毛過目，兄弟和睦。眉毛中斷，兄弟分散。濃淡豐盈、義友弟兄。氣色如有黃紫色，主弟兄姊妹安好，及謀略有成。如黃紫而動，則有喜信至，或公文委狀也，常人則有進財的喜信。紅黃之氣。榮貴喜慶。如有青滑膩色，則有弟兄姊妹之累，及憂愁不決之事。如有白慘躁絳各色，則主弟兄姊妹連帶之哭泣，亦主遺累。如有紅赤之色，主官訟口舌，遺累暗害，嫌疑是非右內左外也。如有黑黯枯色，主弟兄姊妹的哭泣，及連帶的損失，不好的消息，憂驚的信件必至也。

4. **田宅宮**：眼瞼為田宅主其宮，清秀分明主吉，陰暗枯露主凶。田宅宮無氣色青，主田宅無成。黑主杖責。白主丁憂。紅主成，田宅喜重重。黃明吉昌，君子加官，即日得升，利見貴人。

5. **男女宮**：眼下位須豐厚、不宜枯陷。左枯損男，右枯損女。左眼下有臥蠶紋，生貴子。凡男女眼下無肉者，妨害男女。臥蠶陷者，陰騭少；當絕嗣也。魚尾及龍宮黃色環繞，主為陰騭紋，見曾懷陰德濟於人，必有果報。又雲：精寒血竭不華色，男不旺，女不育。若明陽調和，精血敷暢，男女交合，故生成之道不絕。宜推於形象外，當以理言，玄妙自見也。氣色青，主產厄。黑白主男女悲哀，主受暗害，刑子女。赤紅色，主子女血光之傷。紅黃主喜至。三陽位紅生兒。三陰位青生女。

6. **奴僕宮**：完壁無虧，奴僕不少。如是枯陷，僕馬俱無。奴僕宮如有黃紫白潤色，主得下人的輔佐，而得忠實誠厚的奴僕也。如有青滑膩色，主奴僕小愉，遺失物品。如有躁絳色，主奴僕口舌，下人是非。如有黑暗如煙，染皂如塵，則主奴僕暗害，而有下犯上的舉動，及奴僕犯罪，而累及主人之例。如有黑黯枯色，主奴僕盜物私逃。如有紅赤色，主奴僕有牢獄之災，連帶之累，以及牛馬六畜，而成官訟也。紅黃正色，牛馬奴僕自旺，左門右戶，排立成行。

7. **妻妾宮**：魚尾須要平滿，不宜克陷。豐滿則夫貴妻榮，缺陷則主防夫尅妻，或淫亂敗家。妻妾宮紅黃紫主喜氣之兆也，主夫妻男女和諧之喜。如有黃紫色，主妻宮喜慶，而有喜因也。黃明者，得妻族之助，而進財也。如有白慘色，主妻族之哭泣，及外孝服也。如有青滑膩色，主妻宮多病厄，而有隨身宿病也。如有黃青二色合併，則病中化喜也，或喜中有病也。如有躁絳色，主妻宮口舌。如有紅赤色，主妻宮驚險，火災，及妻族連帶之累。如有黑黯枯色，主刑妻妾，大病大災。如有雜花三四色混合，主妻妾奸淫邪行，或為本身花柳病厄。

8. **遷移宮**：邊地驛馬，山林發際，乃為出入之所，宜明潤潔淨，利遠行，若道暗缺陷，及有黑子，不宜出入，被虎狼驚。驛馬為行動之正部，及流通的財源。如有黃紫色，主行動大利，及謀略行功而成功，又主遠信至，而得良好的消息。如有青滑膩各色，主中道停留，謀略逗留，而生變化，遠信不至，及有損失障礙的信件。如有白慘色，

主刑傷父母，或損家庭重要人丁。如有紅赤色，主行動的損失驚恐，貨物的損阻。如有黑黯枯各色，主行動有危險暗害，盜匪災厄，及孝服，不動為吉。黑主道路身亡。以濃淡重輕程度，為事實輕重的判斷也。

9. **官祿宮**：官祿榮宮仔細詳，山根倉庫要相當，忽然瑩淨無痕點，定主官榮貴久長。如陷缺飛走，無名譽。官祿宮凡有黃紫色主吉慶，主陞官進職，得祿獲功。常人則為進財源，進入丁。此時如有謀略進行，大體安全，及得十之七八利益。如有青色，主憂思鬱結，驚疑不定。如有滑膩色，主哭泣，及損血統關係的人丁，及有六親遺累，交際吃虧，暗害損失。如有紅色，主失官去職，損財冷退，亦主驚恐險阻。如現赤色，主孝服損人丁，及驚險危險，暗害官訟，牢獄伽鎖。如有白慘色，主孝服刑人丁，及大病厄。如有黑暗色，主百事不利，飛災橫禍，危險損失，惡疾瘟疫。

10. **福德宮**：豐滿明潤，招重重祖蔭、福德永崇。若陷缺不利，淺窄昏暗、災厄常見，神明不佑。作事行悔，滿面春風，一團和氣。福德宮如有黃紫色，主進外財，及流通的財源，交際成功而有效。如有青滑膩色，主憂疑，主外交的是非，嫌疑的影響，意見不合，各走極端也。如有紅赤絳躁色，主酒肉，遊戲縱慾，先破財而後災患也。如黑黯慘枯各色，主盜賊之患，瘟疫之災，以及惡劣消息，損失破敗。白主災疾疾厄宮論曰：年壽明潤康泰，昏暗疾病至。氣色青主憂驚。赤防重災。白主妻子之悲。黑主身死。紅黃紫主喜氣之兆也。

11. **疾厄宮**：山根疾厄起平平，一世無災禍不生，若值紋痕并枯骨，平生辛苦卻難成。如有黃紫白潤之色，主一歲平安。如有青滑膩色，主胃病哽噎，飲食減少，及顧忌遠憂。如有白慘色，主骨肉戚的哭泣，連帶之累損。如有絳躁色，主肝氣不舒之疾，及目病，動氣吃虧。如有紅赤色，主火災驚損，及吐血痔漏。如有黑黯枯各色，主痼瘋疾不愈，及刑重要人丁，及危險自剔。又以黑黯色加塵點方死，次亦憂愁而死，環境惡劣也。

12. **相貌宮**：骨法精神，骨肉相稱氣相和，精神清秀，如桂林一枝、昆山片玉，如珠藏淵，如玉隱石，貴顯名流，翰苑起士。暗慘而薄者凶。氣色滿面紅黃明潤，大吉之兆。

## 第十節　結論

氣色形成的基本原理是「心理影響生理，生理影響氣色」，由七情六慾所引發，亦即是「有諸內必形諸外」的大道理，故面相氣色猶如【离】卦。离，即是火。當一個人能燃點正念之火，修心且修身，靈性自能開發，氣色自然會變好，運勢亦會隨之轉化。「七分天命，三分人事」，故本章與【离】卦息息相關。

我在此重申本章的重點：把面相氣色作為一個有系統、有組織、有理論根據、可作印證的學術知識來研究。其中主要以中醫望診學、心理生理學及「面相學」等理論為基礎，掃除一切怪力亂神；如天眼通、宿命通、以及神明靈界等迷信怪誕之說。「觀氣色」這門學問絕不神秘、絕不帶迷信色彩，亦非高深莫測的學問。不論是否真有天眼通、宿命通等神通力，只要有決心，人人都應該可以學會。

【兑】第七章：痣相平常談

# 【兌】第七章：痣相平常談

## 第一節　痣相五大原則

### 第一大原則：「面無好痣」

一般來說，生長在越當眼部位的痣，屬於好痣的機會也越小。反過來說，隱藏的部位，一般是好的痣相部位。這是從基本美學的觀點來看，如果在面部當眼的部位長出一顆斗大的長毛痣，給人的第一印象便大打折扣了，當事人的自信心及人緣自然會受到一定程度的壞影響。故說面無好痣，也不是完全沒有道理。另外一個主因，是因為面上的痣，中醫認為是體內器官病變的訊號，例如：左臉頰多痣者易患肝膽的疾病，右臉頰多痣者易患肺臟及呼吸器官的疾病，太陽穴附近有痣者易患偏頭痛或暈眩症。

## 第二大原則：「痣分善惡，宜善分辨之」

當然傳統相學也有所謂善痣，不過絕少數是善痣。那麼傳統相學如何分辨善痣及惡痣呢？一顆痣的好壞，要就其大小、顏色、凹凸、色澤、長毛與否來綜合判斷。一般善痣，形態要求是圓如珠，顏色是黑如漆、或紅如朱、或白如玉，有光澤，加上痣的周圍色澤美好，外表美觀，方為善痣、活痣。傳統一般都認為長毛的痣更好，這點我絕對不同意。試想在臉上當眼處若長有一顆長毛痣，給人的第一印象便已不好，又有礙觀瞻，未見其利先見其害，很難談得上是好運。另外，如果一顆痣小而不明、或大而無色、或形狀欠佳，就是惡痣了，也有人稱之為死痣。如果善痣代表吉祥，惡痣便象徵凶厄。所以痣的形狀、色澤、部位、大小都能顯示命運的吉凶、貴賤和福禍。另外，現代人大都把癦或黑斑與痣看齊，其實癦或黑斑長在好的部位，也只不過是美玉上的瑕疵，是不好的東西罷了。

第三個大原則：「我們應當根據面相基本格局
的高低（三停十神、十二宮、五官、流年六龍）
和氣色，作全面性的整體觀察與判斷，不可以
偏概全，只從痣相論命的吉凶。否則，誤斷的
機會十之八九。」

不能單獨以一顆痣，就斷定人的貴賤貧富、吉
凶禍福，痣只是命運的氣象台而已。不要以為
某一個部位有痣，便能把平平無奇的面相變為
吉人天相，這是迷信，本末倒置了。

第四大原則：「善痣坐好位可事半功倍、善痣
坐壞位或惡痣坐好位則吉凶參半、惡痣坐壞位
以不吉論。」

看痣不能單憑痣的位置便下結論。很多人根據
痣相圖，見自己有一顆痣生在好的部位，便很
高興的以為自己擁有吉人天相，其實是大錯特
錯。惡痣坐於好位，絕不能以吉論。

很多人認為善痣長在好的部位，是錦上添花，不必除去，如是惡痣不利命運，應當除去為宜。究竟需不需要把痣脫掉呢？從命理學的角度來看，歷來也大有分歧。有一學說認為：「惡痣生成不可醫，縱然醫得帶微疵」，認為惟有以心性向善而改變命運，非以脫痣、整容來改變命運！另一學說則認為脫痣這種行為，的確能改善三分的運勢，尤其是把痣脫去已表現了身體力行以求改造命運的決心，故極力主將把惡痣脫掉。

**第五大原則：「有心無相，相隨心生，有相無心，相隨心滅。」**

為免一般人受騙於江湖術士，我個人提出**痣相的第五個大原則：「有心無相，相隨心生，有相無心，相隨心滅」**。嘗試改變自己的人生觀，以平常心面對自己的生活，那些惡痣自會在心中消失，比起只從外表把它脫掉更為見效。當然，把一顆有礙觀瞻的惡痣脫掉，可以增強自信心，間接地改善運程，那絕對是無可厚非的。

有一個面相的題外話,值得大家注意:任何一種痣,如果發生以下的變化,通常是惡變的徵兆。一旦出現,應及時去診查,以免延誤治療時機。

1. 體積或面積迅速的、明顯的增大,或在下方出現堅實的結節。

2. 顏色迅速加深、變黑或周圍出現炎性紅暈。

3. 經常出血,表面有痂片形成或發生潰瘍。

4. 附近有黑色的點狀衛星灶出現。

5. 局部發生疼痛、刺癢,或灼熱感。

6. 鄰近區域性淋巴結腫大。

## 第二節　痣相傳統口訣

**鼻：**

山根班點痣屬凶、病厄妻子傷。
年壽班點生痔疾、夫妻恐相妨。
鼻上黑班運氣滯、困苦免猜疑。
鼻側黑點定暗疾、男女生殖呆。

**額：**

印堂至髮不宜痣、班點屬亦忌。
日月兩角妨父母、女人尅夫記。
額上有痣何處吉、邊地為第一。
色潤光澤迎外貴、女人反不譽。

**眉、眼：**

眉中有痣得妻財、女人配佳婿。
奸門男女不名譽、紅者號壽彩。
眼下有痣男女忌、尅夫刑妻兒。
眼胞當中若有痣、英雄顯威儀。
女人眼上若有痣、夫星反不利。

耳：

耳內有痣主聰明、吉凶須留意。

垂珠有痣多名譽、賢孝須記取。

耳掩有痣乃聰明、男女號急智。

天輪有痣主精神、文章異常人。

其他有痣無所用、俗傳勿亂真。

口：

法令有痣妨父母、夫妻亦不知。

人中有痣大不良、子息難可保。

人中有痣事無功，無事受誹謗。

兒女不孝須修心、作事勿愴惶。

嘴角有痣難聚財、食祿豈應該。

俗傳酒食好緣份、女人招憐愛。

面頰：

命門有痣顯英名、女人破夫星。

紅潤黑澤男女吉、富貴亦高齡。

下頦當中有紅痣、富貴壽頤期。

黑潤良田千萬頃、長壽亦多兒。

奴僕宮位忌有痣、用人多負義。

陂池鵝鴨若有痣、足財多衣食。

擇自《相術口訣》

## 第三節　痣相與十二宮

1. **命宮（代表：內心世界的真我、求謀、福祿壽元、知識）**

   印堂若寬闊光澤且得美痣，古稱雙龍搶珠，代表意志堅定，貫徹始終，能成功之相。如果是惡痣，願望不易成就，易失敗，女性更是尅夫之命。

   印堂若狹窄且正中心有痣，不論痣的好壞，代表常有時不遇我或生不逢時的感覺，在工作及愛情方面，皆會遇到錯失良機之事，女性更易出現婚姻問題。

   偏離正中心位，在兩邊的善痣，如印堂寬闊光澤常現，代表順運一生，成功常伴左右，個人才氣盡現，且一生得意。

## 2. 財帛宮（代表：財運、性格、魄力）

鼻子在面相十二宮中稱為「財帛宮」，鼻頭越豐隆，收入就越多，鼻翼越飽滿，積儲也越多，鼻頭突然出現瘡或小瘡表示最近會破點小財。鼻頭有痣，配偶運較差，總是會為了另一半而操勞煩心；女性鼻頭或鼻翼有痣，較無異性緣。求財亦較勞心，尤其在四十八歲時要特別注意。健康方面主腸胃易有不適，易有消化問題。

鼻翼若有痣，就好像保險櫃有個漏洞，代表儲蓄能力極弱，錢財容易流失而留不住，尤其是四十九、五十歲這兩年要特別小心。一生的投資及橫財運較弱，賭錢輸多賺少，投資常以短線大升大跌為賺錢策略，可是最終輸錢收場。鼻翼有痣的人，宜以保本平穩增長為上策，否則錢財終必散盡。如是好痣，則大賺大輸大上落。鼻翼有痣的人多是膽大一族，做事喜憑直覺勇往直前，喜刺激的生活，且易有桃花運，故不利夫妻運、家庭運。健康方面，易患肺道氣管敏感的疾病和傷風流感病。

3. 兄弟宮（代表：兄弟姊妹、性格、交友、壽命）

眉上的痣，與交友運有關。眉上有好痣，知己易得，朋友滿天下，工作上得上司支持及下屬的助力。眉上有壞痣，容易被兄弟姊妹及相熟友人拖累，易交損友，易有財務糾紛，工作上易招是非，不得上司及同事的助力，甚至被屬下架空，權力不穩。

眉毛的後半部在相學上稱為「彩霞」，象徵人的理智與才能。眉尾如果有善痣，可謂「喜上眉梢」了，會有很好的人際關係，亦很會營商。如果是惡痣，表示兄弟姐妹會有不幸，自己容易四肢受傷，或被婚外情所困，在三十三、三十四歲時，尤要注意這些現象。

不管眉頭，眉中或眉尾，如有好痣，不但有很好的兄弟姐妹助緣，且有利財運，是長痣的理想部位。古人説：「痣宜藏，不宜露」。長於毛髮的痣，多是善痣。眉間的痣，宜小凸，也象徵智能聰敏。

**4. 田宅宮（代表：家運、聲望、田土屋宇）**

眉毛與眼睛之間為田宅宮，如得善痣，宜在中間，不宜靠近眼頭或眼尾，象徵清秀廉潔、多才多藝。若加上田宅宮潤廣，易得固定資產，事業上甚得長輩器重，有利成名，亦有利物質運、社交運及工作運，婚姻也會美滿。

如果是惡痣，代表無固定資產，甚至與兄弟姐妹爭奪家產而不和。會常常搬家，居住的地方也易發生一些莫名其妙的事，例如漏水。不宜投資房地產，否則恐會遭嚴重的挫敗。女性易為情所因，不易得好丈夫，同時也不利家庭運。

如果有痣靠近眼睛，當痣的周圍氣色不佳時，主刑獄；如靠近眼尾（或稱魚尾），與眼尾的痣同論，不論好壞，俱主凶。

**5. 子女宮（代表男女性慾、子女、陰騭）**

眼瞼下，半月形隆起的部份稱子女宮，有痣代表情慾旺盛。如果是壞痣，主性機能易因縱慾過度而出現問題，亦易因情慾未能滿足而做出越軌之事。子女宮有痣，也稱淚墨，代表為人感性易流眼淚，易與子女不和，為子女勞心勞力。

## 6. 奴僕宮（代表下屬、晚輩、住宅）

下巴正中間的痣，在子午線之上，顯示生活及工作環境變動大，容易走動奔波，居住一地不久便很快遷往其他地方。倘若環境改變的速度減慢，反而不能適應。健康方面容易有腎或心臟的疾病。

下巴附近的痣，與田地、屋宅、奴僕有關。此處若有善痣，表示老來必置華屋田地等不動產，另一方面，也會有晚輩承歡膝下。

腮骨的痣，若是好痣，和腮骨是圓潤豐實的，代表為人意志堅定，做事不屈不撓，不論遇到任何困難也視之為推動力而奮發向上，為的是證明自己的理念及做法是正確，不一定為金錢或權力而奮鬥。腮骨露而呈尖角又有壞痣者，為人固執己見，為反對而反對，不是為了證明自己的實力，總之別人的意見就是聽不入耳，凡事只顧私利，甚至可置家人和兒女的生死於不顧。

7. **夫妻宮（代表夫妻緣份、男女感情）**

眼角的部位稱為奸門，男性在奸門多紋者（即魚尾紋），夫妻易出感情問題，妻子的生殖器官亦易出病痛。在眼角的痣，代表與配偶的感情易出問題，亦易被第三者誘惑而生桃色事端。因為眼角有痣的人，愛情觀較為開放，容易吸引異性及陷入三角戀，故煩惱亦多。不論是好痣或壞痣，都是象徵對感情不專，或易為情所困，或因多情被誘，常會因感情處理不當而帶來極大的困擾，故不利婚姻。所以不論這裏的痣是好是壞，皆易被情所傷，被情所困，甚至被情所劫，俱以凶論。

夫座及妻座，位於眼睛與鼻樑之間，如有不良的惡痣，會剋丈夫或妻子。

8. **疾厄宮（代表健康病難）**

疾厄宮包括山根（兩眼中的鼻樑位置）及山根之下的年壽。山根絕對不宜有痣，有痣易有夫妻感情困擾，亦不利配偶運。女性如果山根有惡痣，更有刑剋丈夫再嫁之象。此處稱疾厄宮，故此如有惡痣，容易遭厄運。

年壽象徵的意義與山根大致相同，此處有痣，亦代表身體衰弱，慎防患上胃、脊椎病，中年運亦多滯不通，對金錢、健康、事業都有不好的影響。女性此處有痣，不利夫妻緣份。

9. **遷移宮（代表旅行、遷居）**

左右額角部份稱為遷移宮，顯示家居搬遷、工作地方以至個人地位的變動。在這部份有痣，先不論痣色好壞，也代表一生遷移頻繁，在一地居住或工作不久便會轉到其他地方居住或其他分店工作，從事銷售行業及貿易工作的人多有此痣。好痣代表從遷移中獲益及領悟更多的東西，環境變動雖頻繁，但總是愈變愈好；壞死黑痣則代表常為工作居住變遷而煩惱，每有變動皆有新的挑戰，需在變動中付出更多才有收獲。

遷移宮，如有惡痣，表示不利遠行，與遠方的人關係不好，亦不利離鄉別井，否則易顛沛流離，老死異鄉。

## 10. 官祿宮（代表職業、地位）

官祿宮代表職業、地位，如有善痣，象徵吉星高照、能力高、工作順利，易得上司的照顧，如再有好的氣色，能獲長輩的欣賞和提拔，有利事業。但對女性來說，事業工作雖得利，卻容易導致夫運不佳，如何取得協調，當加斟酌。

這個部位如果有惡痣，較傲氣、易犯上、不得祖產、難得長輩提攜；二十八歲前後，很可能會發生嚴重的婚姻或感情問題。

有珠沙痣者，主聰明，宗教信仰虔誠，玄門發展緣份深厚。

## 11. 福德宮（代表幸運、祖蔭、內心）

代表財運的部位，如得好痣，加上氣色好，近日可得財。

如得惡痣，則是散財痣，不容易聚集金錢，不利財運；難有祖業及常見災厄，非常勞碌辛苦，不容易享福，而且會有不安份、企圖不勞而獲的投機心，但卻常遭失敗的挫折。多災多難，諸事不利，心理容易不平衡，容易感覺孤獨、寂寞。

## 12. 相貌宮（總括終生）

滿臉痣多，亦為破相的一種，故易犯血光，
亦易招小人。

## 第四節　痣相與五官

### 1. 耳為採聽官（天賦聰明、健康）

耳內有痣主聰明、吉凶須留意。
垂珠有痣多名譽、賢孝須記取。
耳掩有痣乃聰明、男女號急智。
天輪有痣主精神、文章異常人。
其他有痣無所用、俗傳勿亂真。

### 2. 眉為保壽官（長壽、性格、親情）

請參看行上述兄弟宮。

### 3. 眼為監察官（福德、精神、感情、邪正）

請參看行上述田宅宮、子女宮及夫妻宮。

### 4. 鼻為審辨官（財運、性格、魄力）

請參看行上述疾厄宮及財帛宮。

## 5. 口為出納官（口德、子息、晚境）

上唇有痣在相學上是一種福相，表示一生
將不愁吃穿，除了經常有人請吃飯外，同
時也是個美食主義者，人際關係經營得很
不錯，缺點是有時候說話太直，容易得罪
人。

唇痣是顯示男女性情色慾之痣，擁有此類
痣的人，容易招惹桃色糾紛或陷多角戀愛。
上唇有痣，對性愛追求激烈，性慾旺盛，
愛情上會主動追求心儀對象，敢於表白內
心感受，不喜傳統的禮教束縛，愛情觀不
在乎長久，只在乎一刻擁有，可是感情卻
容易受創傷。相反，若下唇有痣，會把慾
望藏於內心，愛情觀較被動，女性易令男
性產生失敗感。

唇角之下的痣為「多口痣」，易犯口舌是
非，喜愛講人閒話，不能守秘密，言談間
容易得罪別人而不自知，因而身邊朋友不
多，即使有也只是愛聽愛說是非的人。擁
有「多口痣」的人雖說話多多，但內心易感
寂寞，工作上會遇到突然而來意想不到的
險阻。有好痣者，則說話及辯論技巧了得，
宜做推銷及演說的工作，但同樣會因說話
而招致損失。

口角如得美痣，可有美妙的聲音。但如是惡痣，小心口角是非。

口唇對上人中兩旁（食祿）的痣，代表衣食，此部份顏色光澤紅潤，再配以好痣則一生衣食無憂，對整體運勢亦有所提昇，工作上常得額外分紅及兼職收入。即使被裁員減薪身無分文，也不愁沒有好東西吃，自會有貴人自動送上美食，令人羨慕。食祿的部位如氣色青白又或有死黑壞痣在上，常為口奔馳，勞心勞力，真是力不到不為食，老闆請食飯也有時因意外不能赴會，工作仕途也易生波折。

在法令上有美痣，事業可有成就，中年發財，地位升遷，晚年財運不錯。如有惡痣，職業不穩定，部屬能力弱，不利事業、家庭及財運。

人中：如有良痣，可得良好的子女。如是惡痣，與子女無緣。女性子宮易有毛病，或腎功能差、泌尿官能弱、得子不易、易有產厄，對健康運、夫妻運、財運都不好。

口的正中下方為承漿、地閣。古相書認為
此處不宜有痣，有痣不利感情運，易有外
來誘惑，如是惡痣，更常改變居處，晚運
不佳，生活運、家庭運、物質運、財運，
都不安定，也要注意水災和酒精過多的傷
害。

臉頰不宜有痣，會受到部屬的困擾或傷害，
並常有遷居之苦，亦主口舌招尤、水厄、
貪、貧等。不利健康及財運。

## 第五節　痣相與顴骨

顴骨上如有善痣，表示在職場上有一定的權勢
與地位。如果是惡痣，顯示太過相信別人，容
易被別人出賣，在戀愛時常會遭第三者橫刀奪
愛，好事也容易被人捷足先登。此外，心臟及
血液循環方面會有潛在的病變，平時要注意預
防保養。

顴骨露出的人，大多有爭取向上的積極奮鬥心，事業上有較多的成功機會。這部份如有好痣的人，多主能夠出任權力大及領導下屬的職位，但在工作上常顯露對權力的嚮往而招人不滿及嫉妒，故不善交際。如有惡痣，則代表易因工作上與有權力人士發生爭拗，而招致失業或降職的可能，也會因被同事或同行中人評擊而阻礙工作的發展。易遇小人，易受牽累，故須防意外事件。

女性顴骨有痣，不利婚姻，故不以吉論。

靠近耳朵旁面頰，稱為命門。命門不宜有痣，否則易得急性病或易遭火災。

## 第六節　結論

傳統「面相學」把痣相極度神秘化，甚至到達迷信程度，弄致坊間流傳的所謂痣相圖説，竟以一痣定人的富貴夭壽，這絕對不附合「面相學」的基本大原則，「面相學」有關形、色、三停、五官、十二宮、流年部位的研究，才是主要的基本立論。痣相瘤相，只是錦上添花，或瑕疵而矣。

關於痣相，有一個奇妙現象，就是臉上的痣，會在身體相對應的部位出現。如眉毛有痣，肩膀、手就有痣；顴骨有痣，胸部就有痣。傳統應痣歌訣云：「額頭膝上面胸前、耳上肩端及肘邊、目後須知腰膝畔、外陽顴骨亦中連、眉頭項下須相應、腹底痣上腳上全、手上膝頭屈膝內、印堂額上背相纏、人中臍下或臍內、鼻應玉莖真果然。」

「內格」是相學上研究和觀察身軀特徵的論說，包括痣相。「內格」的論說認為身軀每處地方的痣代表不同運程，痣的面積愈大，甚至有毛，代表對運程影響愈強（即行好運會愈好，行衰運則愈衰），但通常替人看相的玄學家，從面相、掌相及命理，已經有足夠資料批命批運，甚少要看「內格」。即使有特別需要看「內格」，只要客人從人體圖中指出痣的位置便可，孤男寡女更不會看痣相，女士尤其不要輕信他人，為看痣相而輕解羅衣，要知人心險惡，術數界中江湖術士也真多的是。

如果不幸面上有惡痣如何是好？最後告訴大家一個痣相開運心法：「**惡痣並不可怕，不好的痣，亦可透過修心來作修補。**」要知不好的痣，好比一顆看來快要枯死養不活的植物，只要勤加維護，勤加照顧，它也可再得生機，欣欣向榮。痣的判斷，除看痣的本身外，還要看痣周圍的色澤，有生氣的痣，四周都是紅潤的良色。吉運的痣，本身不但有光澤，周圍也會出現淡紅的潤色。煩惱的痣，除本身顏色不佳外，它的四周會有深沉的暗晦色。衰敗的痣，會有一層黑色淡淡地蒙在痣的周圍。在痣的四周出現的顏色變化，也就是氣色的變化。氣色是由心來推動的，心在那裏動，氣就隨著，氣動色應。因此只要能主宰自我的心，便能控制氣色的流動，自然就可以左右痣的變化了。「心」才是真正的命運方向盤，古人說：「相由心造」，實在是有其道理根據的。

雖說「面無好痣」，可是天地如【兌】卦，尚且有缺，所謂「月有陰晴圓缺，此事古難圓」，又何必自尋煩惱呢？要知道天下間最不完美的人，就是追求絕對完美的人，能接納不完美，才是最清淨的心。嘗試放下，便能自在，便能心安。

【艮】第八章：頭面七神訣

## 【艮】第八章：頭面七神訣

《黃庭內景經•至道章》之頭面七神訣：

腦神精根字泥丸

髮神蒼華字太玄

眼神明上字英玄

鼻神玉壟字靈堅

耳神空閒字幽田

舌神通命字正倫

齒神崿峰字羅千

「頭面七神訣」為古代道家氣功經典《黃庭內景經•至道章》的修道秘訣，追求的是形神俱妙，為修仙的要樞，養生的正途。《至道章》末句甚至直接了當地指出「但思一部壽無窮」，可知「頭面七神訣」實為修煉及養生的秘中秘，訣中訣也。

而在「面相學」上有所謂「形之有餘也要神足」。神足者，才能夠氣色足。再好的面相也要依靠好氣色方可為用。透過「頭面七神訣」的簡單功法進行「修行」，隨了可以養生長壽外，變佳了的血氣、能量及心神，會在體態、頭形、面相、氣色、精神等展露出來，達到改變面相及增益氣色的效果。所以「頭面七神訣」亦實為改

善面相的寶鑑，亦即是改運的上乘心法。如能領悟「頭面七神訣」的精要，已開始踏上改運之路，踏出了創造更美滿的智慧人生的一大步。

## 一. 腦神精根字泥丸

「一面之神宗泥丸，泥丸九真者有房，方圓一寸處此中，同服紫衣飛羅裳。」所謂同服紫衣飛羅裳，即是神彩飛揚。

腦為髓之海。人始生，先成精，精成而腦髓生。

兩眉間入一寸為明堂入宮，入三寸為泥丸。**其在體表為印堂穴，又稱闕中。乃一身之靈宗，百神之命根，津液之仙源，魂精之至寶，德備天地，混洞太玄。泥丸者，體形之上神也。**頭面七神是全身臟腑活動的精氣上朝於腦的體現，而泥丸為眾神之宗，故經云：「安在黃闕兩眉間，此非枝葉實是根。」

《內經》又云：「念吾頭頂戴天神，子欲不死修崑崙」。人的真氣元神者上朝於腦，腦足則諸髓自足，故有修崑崙之喻。修崑崙者，修煉腦神也。勤修煉腦神，能使腦聰慧，心不妄動，元神常存。

腦神修煉在的基本功法：「迴紫抱黃入丹田，幽室內明照陽門。」是一種意守丹田呼吸吐納的打坐或修煉內丹功法。但對一般沒有打坐經驗的人會較難掌握。

在這裏，泥丸修煉我採取的基本功法為「**無極功**」。心法云：「身體中正、三點一線（中正站立，兩膝稍屈，使百會、會陰、湧泉成一垂直線）。起功宜慢、鬆靜自然。精神內斂、恬淡虛無。意守丹田，勿忘勿助。自然呼吸，意念忘息。」。無極功練功不受地點及時間限制，隨時隨地可練，要停止時只須解除意守，張開眼睛就是「收功」。

「**無極功**」看似平凡，但若修煉得法可達到「煉精化氣，煉氣化神，煉神還虛」天人合一的境界。其中秘訣有三點：

1. 意念虛極篤靜。所謂「萬象皆空，一靈獨現」。

2. 心空如水，意淡若冰，神靜似岳，氣行如泉。所謂「神氣交合，混融無方」。

3. 外呼吸息斷，真息隱現，綿綿密密於
   腹臍之中，復歸於純乎自然的胎息。
   所謂「自然呼吸，意念忘息。」

## 二. 髮神蒼華字太玄

髮為血之餘。髮神名蒼華、字太玄者，言
髮神黑色而有光澤。**通過髮神之象，可見
腎氣之盛衰肝血之盈虛。膽氣足則毛髮不
枯槁。**

修煉髮神是「上朝三元」的導引按摩功法：
「順手理髮，以手乘額上，謂之手朝三元，
固腦堅髮之道也。」方法是以兩手從額部髮
際處始，十指自然分開沿髮根向頂，向後
作梳髮動作。早晚如此按摩三百次，大去
頭風，固腦，降血壓，令毛髮不白。

## 三. 眼神明上字英玄

心為身之君主，神氣上通雙目，瞳子為黑
色精英，得肝腎合養，清澈而玄妙，故名
明上、字英玄。

夫心者、五臟之專精也，目者其竅也，華色者其榮，是以人有德也，則氣和於目，有亡（氣不和，神不守），憂知於色。**目者神之門，神者心之主，神之出入，莫不游乎目。**

道教自古重視以按摩敬養眼神。《內經》云：「摩掌如火，開目熨眼數遍。」其做法是雙手快速擦掌，擦得微微發燙，雙手掌心對着眼睛，眼睛要睜開，用意念觀想手掌如發出光線進入眼睛。

又云：「常用手按日近鼻之兩肵，閉氣為之，氣通則止，終而復始常行之，眼能洞見。」

又云：「欲煉元神，先煉兩目。煉目之法，不外垂廉以養神而已，調息以養氣而已。」

古書又有「運晴煉神法」，雙眼左右來回運轉九次，上下來回運轉九次，然後順時針運轉九次，反時針又運轉九次。最後閉目十秒，再突然睜開，便作完成。運晴時的轉動，要慢與輕為上。

## 四. 鼻神玉壟字靈堅

壟為土中高處，玉色白，西方正色，即肺之神亦鼻之神也，肺氣通於鼻，鼻為肺之宮。辯香臭而無差謂之靈，司呼吸而不疲謂之堅。

**天食人以五氣，五氣入鼻，藏於心肺。故天氣通於肺，以鼻為孔道，為生之門户。**

古人有「鼓呵法」，有消積去滿，開胸順氣的功用。方法是先吸一大口氣，屏息不再呼吸，然後鼓動腹部九下（或為九之倍數），再稍稍抬頭，慢慢張口，一次呵出那濁氣，而且要呵出聲來。連續做九次方為完成。「鼓呵法」有兩個重要竅門：第一是鼓動腹部要求快速及有力；第二是呵氣時要觀想肚子中的濁氣黑氣全都被呵出去。

肺和呼吸關繫最大。練習正確的胸式呼吸法、腹式呼吸法及閉氣吐納法，亦為養肺的有效法門。

## 五. 耳神空閉字幽田

空閉謂耳貴清靜，幽田言其居於幽玄之宮。

腎氣通於耳，心氣寄於耳，氣竅相通，如窗牖然，聲音之末，雖遠必聞。**若腎氣虛，精神失守，氣寶庫宜通，內外窒塞。斯有聾之疾矣。**所謂五臟不和，則九竅不通是也。

修耳的導引功法名為鳴天鼓。《神仙服氣法》云：「天鼓者，耳中聲也，舉兩手心，緊掩耳門，以指擊其腦戶，常欲聲壯盛，一日三探，有益下丹田。」其竅門在於先吸氣並氣注丹田，再繼以雙掌心掩耳的全部，兩手中指在腦後相對，再以食指壓在中指上，閉着氣，一次一次指食指用力滑下，與大腦互相震動，隆隆有聲。

## 六. 舌神通命字正倫

何謂正倫？《內經》云：「咽津以舌，性命礙通，正其五味，各有倫理。」

又云：「心開竅於舌，舌為心之苗。」心腎為人身水火之宮，性命之源。心腎二經皆交會於舌。

《黃庭內經》修煉舌神的方法是「舌攪玉液咽玉津，玉池清水灌靈根」。口為玉液，又稱玉池。舌底部繫帶兩側靜脈上有兩穴與心經相通，左名金津，右名玉液。此兩穴實為津液之所生也。經云：「漱而咽之，引火下行，潤洗五臟，如是則內不傷，外不惑。」把唾液作為無法替代的靈丹妙藥，是《黃帝內經》及自古道家修煉養生最簡單不過的不二法門。所謂「漱而咽之」，方法是用舌攪舐齒齦上下四周，左右來回運轉，成橫8字形，在門牙處交會轉接。津液會從舌底流出，當積滿後，隨即緩緩咽下，並以意念觀想送到丹田。然後再重新開始，如是者須重覆九次方為完成。

## 七. 齒神崿峰字羅千

齒神有如齒齦上羅列眾多之山峰。為腎之精英所在。

腎主骨，齒為骨之餘，齒之生成與脫落，皆與人的腎氣相聯繫。精充則齒堅，腎衰則齒豁，虛熱則齒動，髓益則齒長，腎虛牙痛則齒浮。

叩齒咽津為養齒神的要法。道家經典《抱朴子》云：「清晨叩齒三百過，永不動搖。叩齒作響既可壯骨固腎，又有助於口中生津，腎水上滋，使外在生輝，外現華彩，顏面光澤，肺氣順暢，有脈流通。」

至道不煩決存真，泥丸百節皆有神。髮神蒼華字太玄，腦神精根字泥丸，眼神明上字英玄，鼻神玉壟字靈堅，耳神空閉字幽田，舌神通命字正倫，齒神崿峰字羅千。一面之神宗泥丸，泥丸九真皆有房，方圓一寸處此中，同服紫衣飛羅裳。但思一部壽無窮。

《黃庭內景經至道章》

附錄一：《荀子·非相》

# 附錄一：

## 《荀子•非相》

### 【原文】

相人，古之人無有也，學者不道也。

古者有姑布子卿，今之世，魏有唐舉，相人之形狀、顏色而知其吉凶、妖祥，世俗稱之。古之人無有也，學者不道也。

故相形不如論心，論心不如擇術，形不勝心，心不勝術。術正而心順之，則形相雖惡而心術善，無害為君子也；形相雖善而心術惡，無害為小人也。君子之謂吉，小人之謂凶。故長短、小大、善惡形相，非吉凶也。古之人無有也，學者不道也。

　　蓋帝堯長，帝舜短；文王長，周公短；仲尼長，子弓短。昔者，衛靈公有臣曰公孫呂，身長七尺，面長三尺，焉廣三寸，鼻、目、耳具，而名動天下。楚之孫叔敖，期思之鄙人也，突禿長左，軒較之下，而以楚霸。葉公子高，微小短瘠，行若將不勝其衣然；白公之亂也，令尹子西、司馬子期皆死焉，葉公子高入居楚，誅白公，定楚國，如反手爾，仁義功名善於後世。故士不揣長，不挈大，不權輕重，亦將志乎爾；長短、小大、美惡形相，豈論也哉？

　　且徐偃王之狀，目可瞻焉；仲尼之狀，面如蒙供；周公之狀，身如斷菑；皋陶之狀，色如削瓜；閎夭之狀，面無見膚；傅說之狀，身如植鰭；伊尹之狀，面無須麋，禹跳，湯偏，堯、舜參牟子。從者將論志意、比類文學邪？直將差長短、辨美惡而相欺傲邪？

　　古者，桀、紂長巨姣美，天下之傑也；筋力越勁，百人之敵也。然而身死國亡，為天下大僇，後世言惡，則必稽焉。是非容貌之患也。聞見之不眾，論議之卑爾！

今世俗之亂君，鄉曲之儇子，莫不美麗姚冶，奇衣婦飾，血氣態度擬於女子；婦人莫不願得以為夫，處女莫不願得以為士，棄其親家而欲奔之者，比肩並起。然而中君羞以為臣，中父羞以為子，中兄羞以為弟，中人羞以為友；俄則束乎有司而戮乎大市，莫不呼天啼哭，苦傷其今而後悔其始。是非容貌之患也。聞見之不眾，論議之卑爾。然則從者將孰可也？

## 【今譯】

觀察人的相貌來推測禍福，古代的人沒有這種事，有學識的人也不談論這種事。

古時候有個姑布子卿，當今的魏國有個唐舉，他們觀察人的容貌、面色就能知道他的吉凶、禍福，世俗之人都稱道他們。古代的人沒有這種事，有學識的人也不談論這種事。

觀察人的相貌不如考察他的思想，考察他的思想不如鑒別他立身處世的方法。相貌不如思想重要，思想不如立身處世的方法重要。立身處世的方法正確而思想又順應了它，那麼形體相貌即使醜陋而思想和立身處世的方法是

好的，也不會妨礙他成為君子；形體相貌即使好看而思想與立身處世的方法醜惡，也不能掩蓋他成為小人。君子可以説是吉，小人可以説是凶。所以高矮、大小、美醜等形體相貌上的特點，並不是吉凶的標誌。古代的人沒有這種事，有學識的人也不談論這種事。

據説帝堯個子高，帝舜個子矮；周文王個子高，周公旦個子矮；孔子個子高，子弓個子矮。從前，衛靈公有個臣子叫公孫呂，身高七尺，臉長三尺，額寬三寸，但鼻子、眼睛、耳朵都具備，而他的名聲轟動天下。楚國的孫叔敖，是期思地方的鄉下人，發短而頂禿，左手長，站在軒車上個子還在車廂的橫木之下，但他卻使楚國稱霸諸侯。葉公子高（「高」是葉公子的名字），弱小矮瘦，走路時好像還撐不住自己的衣服似的；但是白公勝作亂的時候，令尹子西、司馬子期都死在白公手中，葉公子高卻領兵入楚，殺掉白公，安定楚國，就像把手掌翻過來似的一樣容易，他的仁義功名被後人所讚美。所以對於士人，不是去測量個子的高矮，不是去圍量身材的大小，不是去稱量身體的輕重，而只能看他的志向。高矮、大小、美醜等形體相貌方面，哪能用來評判人呢？

再說徐偃王的形狀，眼睛可以向上看到前額；孔子的形狀，臉好像蒙上了一個醜惡難看的驅邪鬼面具；周公旦的形狀，身體好像一棵折斷的枯樹；皋陶的形狀，臉色就像削去了皮的瓜那樣；閎夭的形狀，臉上的髭須多得看不見皮膚；傅說的形狀，身體好像豎著的柱子；伊尹的形狀，臉上沒有鬍鬚眉毛。禹瘸了腿，走路一跳一跳的；湯半身偏枯；堯、舜的眼睛裡有兩個並列的瞳仁。信從相面的人是考察他們的志向思想、比較他們的學問呢？還是只區別他們的高矮、分辨他們的美醜來互相欺騙、互相傲視呢？

古時候，夏桀、商紂魁梧英俊，是天下出眾的身材；他們的體魄敏捷強壯，足可對抗上百人。但是他們人死了、國家亡了，成為天下最可恥的人，後世說到壞人，就一定會拿他們作例證。這並不是容貌造成的禍患啊。信從相面的人見聞不多，所以談論起來才是這樣的不高明。

　　現在世上犯上作亂的人，鄉里的輕薄少年，沒有不美麗妖豔的，他們穿著奇裝異服，像婦女那樣裝飾打扮自己，神情態度都和女人相似；婦女沒有誰不想得到這樣的人做丈夫，姑娘沒有誰不想得到這樣的人做未婚夫，拋棄了自己的親人、家庭而想和他們私奔的女人，比肩接踵。但是一般的國君羞于把這種人作為臣子，一般的父親羞于把這種人當做兒子，一般的哥哥羞于把這種人當做弟弟，一般的人羞於把這種人當做朋友。不久，這種人就會被官吏綁了去而在大街鬧市中殺頭，他們無不呼天喊地號啕大哭，都痛心自己今天的下場而後悔自己當初的行為。這並不是容貌造成的禍患啊。信從相面的人見聞不多，所以談論起來才是這樣的不高明。既然這樣，那麼在以相貌論人與以思想論人兩者之間將贊同哪一種意見呢？

附錄二：八字十式

附錄二:

## 八字十式

### 第一式:一分為二、化繁為簡(看八字平衡)

八字不管原局五行生剋制化如何複雜,均可一分為二,化繁為簡:

**以水火分**:火由木生,火中有木;水由金生,水中有金。「以水火分」已經包括「以寒熱分」(金水為寒,木火為煖),及「以燥濕分」(水有金生遇寒土而愈濕,火有木生遇暖土而愈燥)。

**以金木分**:金木之真機,自有相剋相成者存。

**以體用分**:「體」是我自己及我能使用的工具,例如日主、印、比肩等都是體;「用」是我的目的、我的追求,即是我要得到的東西,例如財、官等都是用。

**以從弱分**:從弱之天干,由從轉不從,或由不從轉從,人生自有大變動。

## 第二式　干支氣象、知其力、用其勢（看八字等級）

八字需看有否「氣象規模」，以「知其力、用其勢」。八字不管原局五行生尅制化如何複雜，均可透過簡單觀察各個干支氣象，對五行氣象規模一目了然，藉以做到知其力、用其勢：

**觀察各干支之五行氣力、氣勢強弱：**

因干支一體，先看日干，再看日支；並觀察其得令、得地、得黨情形，即可知日干五行氣力強弱。再觀察年、月、時干之五行氣力強弱情形。

地支未透干者，若觀察其得令並得二支以上與否，或支呈三合、三會局與否，即可知其五行氣勢強弱情形。

**比較八字五行相互氣象規模，若五行各得其所，自然歸聚成福：**

若日干一氣獨旺，即一行成象。

若與日干有兩氣並旺，即兩行成象。

若與日干有三氣並旺，即三行成象。

若與日干有四氣並旺，即四行成象。

若日主五行氣力極弱，而其他五行氣力、氣勢偏強，即從弱格。有從一行、兩行、三行、四行。

若干支五行雜陳，不成氣勢，可歸「無格局」、「雜格局」，此乃柔弱偏枯，小人之象。

## 第三式　我與非我、距離遠近（看八字環境）

**學習八字必須建立一個正確觀念，即日干為我，稱為「主」，其餘三干四支為非我，是我要面對的。我有我之喜忌，非我亦有非我之喜忌。**

故八字論喜忌，須詳而細微，分別事業／學業、父母、六親、情緣、婚姻、財富、名、地位、聰明智慧、出身環境、凶災、官非、…。切忌含混籠統，說好說壞。

日干為我，我之生存力高低，將決定我能夠享受或適應環境（其餘三干四支）力之強弱。大運流年是外來的，對我的八字產生影響。每逢大運流年，為日干我所喜者，未必為其餘三干四支非我所喜；為我所忌者，未必為非我所忌；為此非我所喜者，未必為彼非我所喜；為此非我所忌者，未必為彼非我所忌。

故行美運，未必福祿壽三全；行惡運，未必妻財子祿皆傷。所謂好年也有凶災，惡運也可進財；即使進財，也得看財星在其麼位置，如在主位（如合日干），就是我的財，如在賓位，就是別人的財了。切忌含混籠統，說好說壞。

八字干支之生尅作用大小和距離成反比。例如，八字以日干為我，首先要考慮的即是日支、月干及時干。唯有將日支、月干及時干對日干的作用了解清楚，才能有效地推論我之生存力高低，以及我能夠享受或適應環境力之強弱。

## 第四式　歲運作用、浮沉升降（看歲運波動）

在八字命理學中，以命局論根基，以歲運論起伏波動。八字逢歲運入命，即有該歲運干支之屬性及心性進入，影響原來八字的環境。

八字干支之相互生尅作用大小和距離成反比。但是，歲運入命，其位置又將如何排列？在八字命理學中，歲運之波動性，乃決定於歲運干支對原來八字命局中各個干支發揮之「浮沉升降」作用之程度。

「升降」：

八字中某天干原無根，若逢相應之歲運地支而得根，是名「下降」，該天干即可免漂浮。

八字中某地支五行原未透上天干，若逢相應之歲運天干而得透干，是名「上升」，該地支五行隱伏之氣勢即可轉化成相關的顯現之力動。

「浮沉」：

把八字中原來的四個天干放在水平線上，再把歲運干支與原來八字之生尅制化等現象之結果，代入此天干之圖表，以看出四個天干各自力氣之浮（提升）沉（降低），便可得出八字中四個天干之波動圖了。

把八字中原來的四個地支放在水平線上，再把歲運干支與原來八字之生尅制化等現象之結果，代入此地支之圖表，以看出四個地支各自力氣之浮（提升）沉（降低），便可得出八字中四個地支之波動圖了。

**歲（流年）與運（大運）之間，以運為君，歲為臣，君可制臣，臣不可制君。故大運倘行至吉鄉，流年卻與之相悖，不為大害；但大運倘行至凶禍之鄉，流年便縱主吉，仍恐樂極生悲，終必主發禍。而批流年時，必須首先將流年和大運的干支組合起來作比較分析沒有合冲刑現象，然後再加入命局，從流年和大運的干支，對原來命局「八字環境」的好壞影響，作出分析判斷。**

而日干、乃至八字中各個干支之喜忌，並非固定不變，有命中為忌而逢歲運反忌為喜者，亦有命中為喜而逢歲運反喜為忌者。

## 第五式　十神十力、性格論命（看八字性情）

「日主」與其它各干支的五行生剋制化之五種基本型態。當中「異性相吸、陰陽有情」、「同性相斥、陰陽無情」。陰陽有情則易「樂在其中」，陰陽無情則易「情義兩忘」。

1. 「同我」：依賴型態
   - 比肩：合作力（無情）
   - 劫財：分享力（有情）

2. 「我生」：適應環境型態
   - 食神：理性力（無情）
   - 傷官：感性力（有情）

3. 「我剋」：支配型態
   - 正財：照顧力（有情）
   - 偏財：享受力（無情）

4. 「尅我」：刻苦型態
   - 七殺：戰鬥力（無情）
   - 正官：保守力（有情）

5. 「生我」：思想型態
   - 偏印：屬靈力（無情）
   - 正印：現實力（有情）

## 第六式　生尅制化、用神玄機

八字非「五行生尅制化」不立，什麼體用、用神、格局更非「五行生尅制化」不靈。這「五行生尅制化」並非三兩語就能夠闡釋清楚。但不管原局五行生尅制化如何複雜，總離不開以下大原則：

強者洩之（五行生尅制化之一）

母旺子衰（五行生尅制化之二）

子旺母衰（五行生尅制化之三）

相剋相成（五行生尅制化之四）

五行反剋（五行生尅制化之五）

弱者遇強者（五行生尅制化之六）

專旺／從旺（五行極端之一）

從弱（五行極端之二）

流通（五行流通）

## 第七式　陰陽五行、體質屬性（看八字健康）

透過八字的陰陽、五行，掌握體質屬性，以瞭解自己身體最脆弱部分，這是八字看健康之第一關鍵。

一、陰陽平衡：

依據八字的陰陽原理，能看出人生病的三組對立生理特性：虛實、寒熱、燥濕。「濕、寒、虛」屬陰，「燥、熱、實」屬陽。一切身心疾病的發生，都是因為陰陽失去平衡，太過或不及的變態所致，稱為「陰陽失調」。

**八字過濕者體質濕**，身體較易浮腫；脾胃虛弱，運化失常，水濕內停，容易出現食慾不振、泄瀉、腹脹、小便少、面目四肢浮腫等情況。**八字過燥者體質燥**，身體顯得乾枯、多皺紋；燥屬肺之故，咽乾舌燥。

**八字過熱者體質熱**，臉部顏色會很明顯偏於紅、黃色；經常口渴慾進飲，或冬季口渴也喜冷飲、面紅潮熱、煩燥、小便短赤、舌苔黃糙等情況。反之，**八字過寒者體質寒**，臉部顏色會很明顯偏於黑、白色；不易口渴、或假渴而不慾進飲、或夏裡口渴也喜飲熱湯、手足厥冷、小便清長、大便溏瀉、舌苔白滑等情況。

**八字日主強旺者一般體質實**，較多感覺精神爽利，精力充沛；人體機能亢奮、體格健壯、抵抗力強、無汗或汗出後身體仍熾熱、及較易大便秘結者。反之，**八字日主身衰弱者體質虛**，較多感覺精神不振，精力不足；人體機能衰弱、抵抗力不足、盜汗、及較易腹瀉。

二、體質屬性：

在一個人的八字命格中，日主代表著自己。日主的五行屬性，同時也是自己的「體質屬性」。掌握調養自己的體質屬性是健康首要原則：

**木行體質者**，最要保肝護膽，平心靜氣；易患內分泌系統疾病。養生要點：少生氣，不熬夜。

**火行體質者**，最要通脈養血，益氣安神；易患心腦血管系統疾病。養生要點：多運動，常歡笑。

**土行體質者**，最要健脾和胃，調暢氣機；最易患消化系統疾病。養生要點：注意飲食，保證睡眠。

**金行體質者**，最要調理肺氣，潤腸排毒；易患呼吸系統疾病。養生要點：防感冒，通大便。

**水行體質者**，養腎固元，通利小便；最易患泌尿系統疾病。養生要點：護脊柱，不憋尿。

## 三、五行生尅,八字看病

相生、相尅追求平衡:

依據八字的五行相生、相尅原理,能看出人生病屬於甚麼臟腑。相生、相尅追求平衡。如果發現八字某種五行出現「過亢狀態(相乘)」,大運流年若能讓該五行恢復平和則身體無恙;而日常維持身體健康的調理目標亦是放在讓該五行恢復平和。如果發現八字某種五行處於「衰弱狀態(反侮)」,大運流年若能讓該五行能量上升到正常值則身體無恙;而日常維持身體健康的調理目標亦是放在設法激化讓該五行能量,使其上升到正常值。

相生關係:

金生水: 肺金清肅下行助於腎水(通過肺氣的通調可以使水分正常的排泄和吸收)。

水生木: 腎水之精氣養於肝木(腎的功能正常,精氣就充足,陰陽就會平衡,肝木就會不亢不燥)。

木生火： 肝木藏血營濟心火（肝臟血液充足能幫助心臟，加強人體內臟的血液及補充其不足）。

火生土： 心火陽氣溫於脾土（心臟的功能使血液循環良好時，人體保持良好的能量供應，能使脾健胃和）。

土生金： 脾土化生水谷精微以充實肺金（脾土消化後所產生的精微，首先被肺金所利用，讓肺金的氣化功能增強，而後輸送到全身）。

**相尅關係：**

木尅土： 肝木之條達能疏洩脾土，即木尅土。

土尅水： 脾土之運化能控制腎水之泛濫。

水尅火： 腎水之滋潤能平和心火狂燥。

金尅木： 肺金之氣清肅下降能抑制肝膽上亢。

火尅金： 心火之陽熱能制約肺金清肅太過。

相乘、反侮易造成疾病發生

相乘現象：在五行互動中，某五行盛極而太過之勢，產生強者趁虛欺壓弱者，導致身體機能不平衡、不穩定的狀態。正常的相尅關係原本存在著一定的強弱平衡值，但若強者過強，比如木氣過於亢盛，造成土過虛而木過亢，人體就會引發脾胃之病，治療關鍵要以「抑木扶土」之法。

反侮現象：在五行互動中，某五行原有的順尅秩序被破懷，應該被尅制的五行反制原本的尅主，這會使人體身心臟腑的協調性遭到更為嚴重的破壞。比如木氣過亢而反侮了原來用來尅制木性的金，金氣因此相對顯得虛弱，這就會出現金虛木侮之病，此狀態必須使用補金疏木之法來調理。

## 八字某種五行出現相乘、反侮狀態：

1. **肝、膽方面**：強金伐木、土重木折、水多木漂、火炎木焚、木重無泄。

2. **心、小腸方面**：水多火熄、土多火晦、金多火衰、木多火塞、火多無泄。

3. **脾、胃方面**：木重土陷、水多土流、金多土虛、火多土焦、土旺無泄。

4. **肺、大腸方面**：強火熔金、木堅金缺、土多金埋、水多食沉、金旺無泄。

5. **腎、膀胱方面**：土多水塞、金多水濁、火多水沸、木盛水縮、水旺無泄。

第八式　合沖尅刑、突變神機（看八字成敗）

1. 天干合化是假訣，唯看「從」、「不從」

   如果任何一個五行有足夠的獨立能力，根本就不會放棄自己的五行屬性而順「從」別的五行。這是五行命理之「從弱」原則：「衰之極者不可益，弱極則從其它旺勢，相得益彰。」故所謂天干合化，無非只是從不從而已，勿庸再論。

2. 會合的吉凶原則

   ■　合即是聚合的意思，是指力量的連結一起，形象上一般代表合作，有事業上的合作、有男女之間的結合，也代表着融洽及和解。

   ■　會合後能從可作「從」論，相合後不能從可作「羈絆」論。

   ■　「合去喜神」為凶為災，好事變壞事；而「合去忌神」則為喜為福，壞事變好事。如甲日主身旺，以辛金為官而干透丙火，合去喜神辛官，則此合為忌。

- 會合後所得出的喜忌，是決定於命局中的需要，不能一概而論。該合而合者，才可以吉論；不當合而合者，不可以吉論。

3. 沖的吉凶原則

- 沖是指力量被沖散的意思，代表心內矛盾對立爭戰。內容可包括一切事，例如：事業上的、男女之間感情事的、健康與疾病，…。有諸於內，形諸於外，故沖實在可直接帶動各種生命突變或變動。

- 喜用神與忌神相沖，要兼看強弱，方能決定吉凶。若能沖去忌神，是逢沖反成，主吉；命局中若是沖去喜用神，是沖之為忌，主凶。

- 會合有時可以解沖（寅申巳亥之沖），有時反而助沖（子午卯酉之沖），有時須看全局氣勢流通（辰戌丑未之沖），不可以一概而論。

4. 刑的吉凶原則
   - 刑是指心恆不安定的意思。三刑有兩種，即是寅巳申與丑未戌三刑。其餘是子卯相刑；辰辰、午午、酉酉、亥亥自刑。

   - 三刑雖多主心不安定，然而一個命局的吉凶，仍須取決於十神性格、五行的生尅制化以及流通之理。

   - 論命時要弄清楚地支相刑的性質，必須仔細推斷藏干的五行生尅制化對日主的影響。其中有根據藏干相尅相沖論刑、根據藏干相合論刑、根據藏干相生論刑、根據藏干相比論刑、…。

## 第九式　光明改命、假中求真

無單一方法，要觀察對象，根據對象種性來作決定。對象可分為五種性。

智慧型　－　告之光明即改運，因其僅暫時迷惑。鼓勵坐禪，萬法唯識。

知識型　－　不妨多説，互相切磋。有耐性地分析其命局五行機理，有如講學。使其不忽略五行（五術），卻又不迷信之。

不誠型　－　不必多説，免浪費時間。

迷信型　－　告之行善積福，是唯一改造命運之法。鼓勵多讀《了凡四訓》，除此以外，不用多説。

急症型　－　急救方，一線生機。盡量為其做某些事，或教其念《心經》、或教持咒，使其感覺已擁有光明法寶。

## 第十式　扭轉全局、時辰重要

時辰不同，八字就有天壤之別，故三柱論命不可盡信。運用「八字十式」，提升自己依據客觀事實推斷時辰之功夫，尤其重要。

附錄三：《易經》成功大智慧

# 附錄三：

## 《易經》成功大智慧

人們都希望「成功」，很多人更不斷熱切地尋求可以達到成功的方法。但是，成功從來都只屬於少數人的「專利」，當中的原因其實十分簡單，就是因為只有少數人真正去探討和運用有關「如何成功」的智慧。

在古今中外追尋「如何成功」的智慧的過程中，孕育出一門特殊的學問，東方稱之為「帝王術」、西方則稱之為「成功學」，都是在指導我們回光返照，認識自己的心智，並昂首闊步，積極去創造奇蹟；都是在指導我們在面對機會或順境時、困難或逆境時，自己的潛意識、情緒反應、以及意識思想等合併在一起的精神力量的運作管理；都是在指引我們如何具建設性和創造性來運用這股不可思議的宇宙精神力量，從而發揮最大的創造力、最靈活之應變力及最堅定不移的調適能力。尤其是，在面

對困難或逆境時，一般人只會把自己困在死胡同，潛意識、情緒、以及意識思想裡盡都是一些負面的事情。相反，真正懂得運用「如何成功」的智慧的人，他們的潛意識、情緒反應、以及意識思想等合併在一起所發揮起來之應變及調適能力，令他們心安理得，積極面對，轉危為機！

在運用「如何成功」的智慧上，達到了圓滿境界的人，心常自在安樂，生氣蓬勃，《易經》稱之為「元、亨、利貞」。《易經》有六十四卦三百八十四爻，其實都只在闡述「元、亨、利貞」，它是一種終極的生命力量之法則、一種辯證思想；《易經》六十四卦三百八十四爻，唯在開示各種因時位而異之對立統一規律，教人發現終極成功之圓滿智慧與生活，亦即是「《易經》成功學」的「善為易者」境界。

## 「元、亨、利貞」辯證思想

《易經》之「元、亨、利貞」辯證思想，是妙契「易心」之終極智慧。引用毛澤東所說的話來歸納納之，就是「矛盾、統一」。

從辯證思想來看，八卦其實就是四組矛盾統一之概念範疇：「天地定位，山澤通氣，雷風相薄，水火不相射」。天和地相通，山和澤相通，雷和風相通，水和火相通；形常相隔（矛盾），而情常相親（統一）。在這裡我們所見到的，就是能體現出《易經》本具之一種簡易美，陰陽相交動態之平衡，自然界生命力量之法則，以及各因時位而異之矛盾統一規律。

《易經》開章明義，用乾、坤二卦之「元、亨、利貞」，明白地開示「矛盾、統一」就是《易經》所強調的「變易」中之不變易之核心規律；世上一切都在變，然而世間萬事萬法之變動，都可以在這核心規律中予以說明。《卦辭》說：「乾：元、亨、利貞。坤：元、亨、利牝馬之貞。」

- 「元」者，即表示「一」。

- 「亨」者，有矛盾對立方可言亨通，故表示「二」。

- 乾卦之「利貞」者，即是「和」，乃合二而一，即矛盾統一，亦即「一」與「二」的統一。

- 相同地，坤卦之「利牝馬之貞」者，也是「一」與「二」的矛盾統一。坤卦之牝馬，即是柔順的雌馬，比喻「坤」順從承受「乾」，乃能更進一步將「乾坤」合一，亦是將「一」與「二」的統一。所以，《周易》的「元、亨、利貞」，其實已把這矛盾統一規律完完整整地表露無遺。

《易經》辯證思想，更是直接開啟不可思議的宇宙精神力量的工具。從辯證思想來看，《易經》卦辭及爻辭之義理演繹，需以三十二組對立統一之概念範疇來開展。當知一切矛盾對立的東西，互相聯繫着，不但在一定條件之下共處於一個統一體中，而且在一定條件之下互相轉化，這就是《周易》六十四卦以三十二組對立統一之卦象排列的全部意義。這是揭開《易經》的神秘面紗之習「易」不二法門，能把六十四卦這個「大自然在說法」之宇宙語言弄清楚！

《易經》辯證思想，建立了「矛盾、統一」這不易法則，藉以窮盡人生順逆、進退、成敗等「成功智慧」之奧秘。一切都在互相矛盾對立之中，這當中的關鍵，在於大家如何去理解這矛盾對立之真實狀態，及如何去處理與統一這矛盾對立而定。簡單來說，在成功路上的矛盾對立能善能惡，它可使自己接受磨鍊，激勵自己，也可使自己因而墮落。就有如水能載舟、供人飲用，也能覆舟、溺人於死一樣。會害人的敵人，反之也可以助我們發現自己的短處，間接便成為我們的老師。所以世間有禍故有

福，禍會製造福，即所謂「塞翁失馬，焉知非福」；同樣地，有福故有禍，福會製造禍，即所謂「塞翁得馬，焉知非禍」。所以，有與無、得與失、福與禍、其實都只是矛盾對立中之一體兩面，唯是相對；若將這矛盾對立之差別相，在「元、亨、利貞」妙境這個層次加以包容綜合，就是《易經》所説的「二而不二、合二為一」、「矛盾、統一」、「差別即平等」之辯證思想妙用了！

## 《易經》六十四卦矛盾統一大綱

世界一切都在變，對於所有一切的有、無、得、失、禍、福等，我們自然會生起不實的疑問。現今世界，人人皆囚於矛盾對立之中，終日妄想分別，以致沈迷苦海。矛盾對立的克服與超越，唯是用「矛盾、統一」的新看法、受法，把其綜合包容於宇宙「元、亨、利貞」妙境之中，體證這個妙境之光明皎潔（潔）、平和安靜（靜）、絕對精純（精）、微妙不可思議（微），並同時具足了宇宙精神力量。如是者，便縱矛盾對立仍然存在著，此心自能安住「元、亨、利貞」妙境中，自能衝破對立分別之

痛苦根源。更能進一步隨順傳流此精神於他人，在成就自己的同時，去成就他人；由是體證「元、亨、利貞」妙境，繼而體認生命之終極成功意義，於平常生活中實現自己所負的使命。這就是《易經》之光明皎潔（潔）、平和安靜（靜）、絕對精純（精）、微妙不可思議（微）之妙趣。即能化魚為龍不易其鱗，轉凡成聖不改其面，這亦是「《易經》成功學」之指歸！

所以，此書的教導很簡單：以三十二組對立統一之概念範疇，盡量發揮《易經》中「矛盾、統一」精神之智慧成功法則。這麼一來，能引導讀者能在生法中加以實踐和驗證；讀者也跳出矛盾對立這樣的圈套，脫離了一切愚蠢的思想及導致失敗的陷阱，體會到《易經》這個光明皎潔（潔）、平和安靜（靜）、絕對精純（精）、微妙不可思議（微）之「成功智慧」妙境。

第一對:「內外不二」法則(乾為天、坤為地)
原理:外在世界一切現象(坤),都是內在世界潛意識無窮的力量(乾)的自顯現。

「內外不二」法則:如果你可以主宰潛意識無窮的力量(乾),外在世界的萬事萬物就可以隨其所想而被改變(坤)。

第二、三對:「生命力」法則(雲雷屯、山水蒙、火風鼎、澤火革)
世間上萬事萬物,由始生(屯)、童稚(蒙),發展到鼎盛(鼎),直至革新(革),其實都是在週而復始的汰舊換新,都不斷地在生長與滅亡、滅亡又再新生。

「生命力」法則:從心中擘劃夢想藍圖(屯)、吸引那些可以幫助自己夢想成真的人(蒙)、取得成功(鼎)、到追尋新夢想(革),我們可以知道成功生命力為何物,並主宰成功的週期法則。

第四對:「安心」法則(雲天需、天水訟)
若能擁有純正的信念、心靈最深處的絕對平安
之境界(需),則當現實生活涉及爭端(訟),
自能保持沉默,以不變應萬變,自然一開始就
吉利。

「安心」法則:面對波瀾(訟),絕對的平安信念
(需)是成功的保證。

第五對:「領袖」法則(地水師、水地比)
原理:成功者不就是大眾(比)的領袖(師)嗎?
大眾(比)不就是領袖(師)的任務嗎?如果
有別人聚集在你的周圍(比),要求你的指引
(師),你可以靜一下,如果內在的心聲叫你去
擔負起這個領袖的使命,不必推辭,因為這是
合乎「互惠互利」之道。

「領袖」法則:以大家(比)的心為心,是一位領
袖(師)的真正喜悅、唯一的生命。

第六對：「絕對力」法則（風天小畜、天澤履）

原理：要達成「天人合一」，第一步是獲取十二分的自力（小畜）。在自力開始運作的同時，也會牽動他力（履），此之謂「天助自助者」。到了自力（小畜）與他力（履）融合，組合成一個十字，這就是真正的絕對力境界，我們將成為「成功」的主人。

「絕對力」法則：在自力（小畜）中有他力（履）、在他力（履）中有自力（小畜）的狀態，這樣才是「天人合一」的絕對力境界。

第七對：「變化根源」法則（地天泰、天地否）

原理：自己的內心世界內在的變化才是真正的變化，是一切變化的根源所在。讓自己在絕對的安寧中，如實觀察自己的內心世界、及外世界的表象，自然不被浮華的表象（否）蒙蔽心靈的智慧，不被災難的表象（泰）奪去心中的夢想和堅持的力量。

「變化根源」法則：任何時候都不能被浮華的表象（否）蒙蔽心靈的智慧；任何時候都不能被災難的表象（泰）奪去心中的夢想和堅持的力量。自己的內心世界內在的變化才是真正的變化，是一切變化的根源所在。

第八對：「合作」法則（天火同人、火天大有）

原理：人人都不可能獨立存在，而必須以一定的社會角色存在。人人都必須同時扮演着不同的角色。例如我們可以是某人的父親、兒子、丈夫、兄弟、同事、朋友等等。因此一個人想要很好地發展，就必須與他所處的人群、環境和諧地融為一體，彼此合作。合作（同人），是領導（大有）才能的基礎。學會合作的智慧，我們就會得道多助，成功會變成一件簡單易行的事。

「合作」法則：合作（同人），是領導（大有）才能的基礎。真正的合作不僅是協議共同成就一件事或一項計劃，更是懷着喜悦和一體的感受。在這份感受中，沒有執着的個人理想或個人意見。

第九對：「謙虛」法則（地山謙、山地剝）

原理：出於本性，智慧的心靈是謙虛的（謙）。擁有心靈的智慧，自然對一切都滿懷敬仰、感恩之心；擁有敬仰、感恩之心，我們內在的創造力量就會不斷地創造美好的事物圍繞着我們。相反，無法認識到謙虛的，心中充滿驕傲、自大狂妄，世界變得非常狹小和危險（剝）；當心中充滿驕傲、自大狂妄，我們內在的創造力量就會不斷地創造壞人壞事來填滿我們的世界。這就是所謂「滿招損、謙受益」了。這不是一種哲學，世界真的就是這樣。

「謙虛」法則：一顆懂得感恩之謙虛的心（謙），可以使我們內在的創造力量不斷地創造美好的事物圍繞着我們。相反，一顆充滿驕傲、自大狂妄的心（剝），可以使我們內在的創造力量不斷地創造壞人壞事來填滿我們的世界。

第十對:「轉逆境為快樂」法則(地雷復、雷地豫)

原理:《易經》道出宇宙的奧秘,不外乎幾個字:「不是永遠如此」。世界崩解了、生命陷落了(復),問題不會立刻消失,這時我們的考驗,就是能否安住於這個過渡期(豫),而不形成抱怨、焦慮、僵固與恐懼。安住在無所依恃的一刻、安住在絕望中、安住在胃痛中、安住在破碎的心之上,超越小我,讓我們那執著的、習慣於依賴的自我死亡,這才是真正轉逆境為成功之路。

「轉逆境為快樂」法則:世界崩解了、生命陷落了(復),安住於這個過渡期(豫),安住在無所依恃的一刻,不形成抱怨、焦慮、僵固與恐懼,這樣才能夠無限打開心胸和思想,真正轉逆境為快樂。

第十一對:「慣性」法則(澤雷隨、山風蠱)

原理:要改變生命能量,先從內在本性的核心下功夫。我們必須先知道如何跟從自己絕對和諧的心靈(隨),才能看清楚那個跟著習慣走、一直在障礙自己、不受控制、充滿無力感的心(蠱)。在過程中,重要的是要改變自己心內障礙自己的舊習性,養成新習性。所以,必須學會訓練自己的心養成新的習慣。

「慣性」法則：越是能夠跟隨自己樸實天真的內在本性的核心（隨），生命能量隨之提高，生活就越幸福化。步步進入更深的心靈層次，原本的精神層面中一直在障礙自己的牢固的舊習性（蠱）就開始慢慢消失。

第十二對：「逆境學習」法則（地澤臨、風地觀）

原理：在這個世界上，有一種生活方式可以讓我們的逆境徹底改變，有一種生活方式是沒有絲毫的衝突和障礙，有一種生活方式可以讓我們從此沒有失敗（臨）。這就是當我們全身心地面對暫時的挫敗，從逆境中潛心於觀察的藝術、傾聽的藝術、學習的藝術（觀）。這種從逆境中學習的生活方式，可以讓我們獲得對失敗的清晰洞察（觀）：失敗只是一種心態。因此，只要一個人不放棄自己的控制權，只要掃走心中的恐懼，失敗便是我們可以控制的東西，自能過上全然成功的生活（臨）。

「逆境學習」法則：當我們全身心地面對暫時的挫敗，從逆境中潛心於觀察的藝術、傾聽的藝術、學習的藝術（觀），失敗便是我們可以控制的東西，我們自能過上全然成功的生活（臨）。

第十三對:「補救錯誤」法則(火雷噬嗑、山火賁)

原理:每個人都會犯錯,犯錯本身並沒有甚麼大不了的。犯錯時如何自處?犯錯時,最正面的態度是要保持冷靜,甚麼都別說,閉上嘴(噬嗑),冷靜地研討出補救錯誤的方法,然後無須解釋地付諸實行,一步一步去完成它(賁)。甚麼都別說,閉上嘴(噬嗑),就可將錯誤的擴散範圍減至最少;只管冷靜地研討出補救錯誤的方法,只管進行補救行動,一切留給他人去評斷(賁)。

「補救錯誤」法則:犯錯時,最正面的態度是要保持冷靜,甚麼都別說,閉上嘴(噬嗑),冷靜地研討出補救錯誤的方法,然後無須解釋地付諸實行(賁)。

第十四對:「災厄與智慧」法則(天雷無妄、山天大畜)

原理:切莫被外境所轉。災厄這看似壞的東西(無妄),可以引出圓滿智慧這個好的結果(大畜)。我們可以把災厄困境(無妄),當作促成智慧開悟的燃料(大畜)。有過受挫與情緒低落的經驗(無妄),我們才有能力了解人們心理層面的痛苦,生起同理心的智慧(大畜)。

「災厄與智慧」法則：讓我們朝著困難迎上前去而不退縮。我們可以把災厄困境（無妄），當作促成智慧開悟的燃料（大畜）。有過受挫與情緒低落的經驗（無妄），我們才有能力了解人們心理層面的痛苦，這同理心的智慧（大畜），就是無堅不摧的成功轉運妙方。

第十五對：「富有」法則：（山雷頤、風澤中孚）
原理：富有不只意味著擁有世間金錢財富（頤），富有必須是一個多層面的現象，富有的人心中有信（中孚），身心一定充滿積極能量，虛心安祥，富創造性，和能夠做到「愛人、敬人、助人」。所以富有的定義，是在任何層面的富有。窮人是一個在思想上、心靈上有障礙的人，他或許很有錢，那並沒有甚麼關係，他心中沒有信，不懂平安，不懂創造和諧，更不能夠做到「愛人、敬人、助人」。世上的窮人應該為自己的貧窮負責。

「富有」法則：所以富有的定義，是在任何層面的富有。富有不只意味著擁有世間金錢財富（頤），富有必須是一個多層面的現象，富有的人心中有信（中孚），身心一定充滿積極能量，虛心安祥，富創造性，和能夠做到「愛人、敬人、助人」。

第十六對：「隨波逐流」法則（澤風大過、雷山小過）

原理：就成功學的觀點來定看，何謂大過？大過的最佳定義是：隨波逐流。因為隨波逐流的人只會任由自己被自己思想以外的外在環境影響和控制。生活扔給他們甚麼，他們便接受甚麼，從不會獨立思考，不去反抗。而隨波逐流的習慣，是由小到大逐漸累積的。只要一個人的思想自小被灌輸了恐懼（小過），透過習慣原則，恐懼就悄悄地潛入了他的潛意識，並一步步控制了他的思想，令他在任何問題上都開始隨波逐流，永遠無法擺脫，最終無可救弱（大過）。

「不隨波逐流」法則：只要一個人的思想自小被灌輸了恐懼（小過），透過習慣原則，恐懼就悄悄地潛入了他的潛意識，並一步步控制了他的思想，令他在任何問題上都開始隨波逐流，永遠無法擺脫，最終無可救弱（大過）。人要怎樣做才能擺脫隨波逐流的牢牢控制？要知道隨波逐流只棲身於恐懼的頭腦中。只要查清令自己恐懼的事實，分析事實的真相，自能征服自己的恐懼，開始掌握自己的思想。

第十七對：「欲望力」法則（水洊習坎、重明離）

原理：擁有理念和適合自己的目標，以及找到清楚的方法和確定的可行性，才算是明確自己究竟想要甚麼，並且能理性地相信自己一定可以得到它（坎）；將這理性的信念與欲望相結合，就會時時刻刻都想念著它，產生一定把它做好的想法和願望，才能全力以赴地去做（離）。因為欲望的力量（離）一旦有了理性的信念（坎）作支撐，就會變得攻無不克、戰無不勝。當我們沒有認識清楚自己的目標之前，沒有找到可行的方法之前，不要許下適合自己的願望。否則，我們越努力，錯誤就會越大。

「欲望力」法則：將理性的信念（坎）與欲望（離）相結合，就會時時刻刻都想念著它，產生一定把它做好的想法和願望，才能全力以赴地去做。欲望的力量（離）一旦有了理性的信念（坎）作支撐，就會變得攻無不克、戰無不勝。

第十八對：「愛情瑜珈」法則（澤山咸、雷風恆）

原理：「生命誠可貴，愛情價更高」，相互吸引是令人振奮的，圓滿的愛情和合更是每一對互相吸引的雙方都想擁有。在圓滿的愛裡面，互相吸引的雙方，當歡樂時光來臨，情緒高漲的時候（咸），還能保持正向的放鬆（恆），這是很好的。互相吸引的雙方，透過互相融入對方，讓雙方的每一個細胞都被激動（咸），還能保持正向的放鬆，淡然忘情，既融入那個興奮而又不將它引導到頂點，只保持起點的溫暖而不要變熱，那麼兩個溫暖就能夠和合，互相結予對方生命力（恆）。愛若停留於精神的層面，它便會在靜止不動中逐漸枯竭；愛若停留於愛欲層面，它只是一種受迫性的表現和自我滿足的需要，只是創造高潮以及到達高潮後的冷卻。相反，靈慾交融的愛情，給我們一個更高層面、正向的放鬆。這本身就是一種禪。透過它，我們分裂的人格就不再分裂；透過正向的放鬆這寧靜中心，可以提供我們一個穩定持久的內在品質改變。

「愛情瑜珈」法則：在圓滿的愛裡面，互相吸引的雙方，當歡樂時光來臨，情緒高漲的時候（咸），還能保持正向的放鬆（恆），這是很好的。靈慾交融的愛情，給我們一個更高層面、正向的放鬆。這本身就是一種禪。透過它，我們分裂的人格就不再分裂；透過正向的放鬆這寧靜中心，可以提供我們一個穩定持久的內在品質改變一種真正意義上的愛，名叫「慈悲」，能了斷所有恐懼及痛苦。

第十九對：「己達達人」法則（天山遯、雷天大壯）

原理：達成自己(Self-actualization)是人生一個基本的需要（遯）；人唯有達成了自己，已被解放了，他才可以為他人作引導（大壯）。人如果自己還未有達成，即他還沒有被解放，他可能會誤導，故還不能為他人的引導。真正達成自己的人（遯），必須是永恆的泉源，他可以永無止境地分享自己的達成與解放（大壯），沒有任何想得到甚麼回報的動機。

「己達達人」法則：達成自己(Self-actualization)是人生一個基本的需要（遯）；人唯有達成了自己，已被解放了，他才可以為他人作引導（大壯）。

第二十對：「選擇光明」法則（火地晉、地火明夷）

原理：從今天起，每天早上當我們起床時，第一件事我們要確定的是，在睜開眼以前對自己說：「XXX（那是自己的名字），你想要甚麼？喜悅光明（晉）？痛苦黑暗（明夷）？今天你要選擇甚麼呢？」然後，結果我們當然是選擇喜悅光明；除非人感覺在某種痛苦中是喜悅的，但那時我們所選擇的其實也是喜悅光明而不是痛苦黑暗。生命到底是喜悅光明（晉），抑或是痛苦黑暗（明夷），這是一種選擇！

「選擇光明」法則：生命到底是喜悅光明（晉），抑或是痛苦黑暗（明夷），這是一種選擇！從今天起，每天早上當我們起床時，第一件事我們要確定的是，我們當然是選擇喜悅光明。

第二十一對：「真愛」法則（風火家人、火澤睽）

原理：依賴並不是愛，依賴意味著佔有、控制、對立、嫉妒、衝突和恨。我們必須學習不去依賴，學習進入內心的寧靜，好讓自己成為單獨和自由的人（睽），能夠獨自一個人也常懷喜樂而不需要別人。唯有當我們不需要別人，我們才能不去依賴，才能真正和別人因為愛而在一起，並能在每個片刻分享自己洋溢的喜悅（家人）。

「真愛」法則：進入內心的寧靜，學習不去依賴，變成一個獨自一個人也常懷喜樂的單獨和自由的人（睽）。唯有當我們不需要別人，我們才能不去依賴，才能真正和別人因為愛而在一起，並能在每個片刻分享自己洋溢的喜悅（家人）。

第二十二對：「可能思想」法則（水山蹇、雷雨解）

原理：當我們的焦點放在困難上，我們就會被擊倒（蹇）；當我們相信困難是可能解決時，我們便踏上成功之路了（解）。換句話說，如果我們懂得運用「可能」思想的話，我們的每一天將會充滿喜樂、興奮，充滿朝氣與活力（解）；因為大部份的不愉快和失望都來自充塞在我們腦海中的「困難」思想（蹇）。迎接無限可能的生命吧！

「可能思想」法則」法則：如果我們懂得運用「可能」思想的話，我們的每一天將會充滿喜樂、興奮、朝氣與活力（解），因為大部份的不愉快和失望都來自充塞在我們腦海中的「困難」思想（蹇）。

第二十三對:「貧者愈貧、富者愈富」法則(山澤損、風雷益)

原理:耶穌説:「凡有的,還要加給他,叫他有餘(益);沒有的,連他所有的也要奪過來(損)。」有的會更有(益);而沒有的,連他所有的也要奪走(損),這看上有些殘酷,但生活就是如此。例如:有錢人能用金錢賺到更多的錢,而窮人僅有的一點錢也被剝奪而變得一無所有。「貧者愈貧、富者愈富」法則又有何啟示呢?它正正道出了成功有倍增效應:成功是成功之母。我們愈成功,別人會愈器重我們,我們就愈自信,愈容易成功(益)。與此相反,失敗會使人愈發灰心喪氣,自然離成功愈來愈遠(損)。

「貧者愈貧、富者愈富」法則:「貧者愈貧、富者愈富」法則正正道出了成功有倍增效應。所以,只要我們有一樣特長能夠充分地發揮出來,能尖端放電,做得比別人更出色,就能夠迅速獲得成長需要的資源和空間,並且進而帶動本身才能與素質的成長(益)。如果沒有這個比別人更出色的特長,被人比了下去,那麼很多機會都會錯過,最終在競爭中失去資源和空間,自然離成功愈來愈遠(損)。

第二十四對：「直覺智」法則（澤天夬、天風姤）

原理：一般我們做的事總是根據過去，我們的言行舉止總是出於過去所累積的經驗及所獲得的結論。過去主宰著我們，我們甚至無法看到眼前；我們的眼睛裝滿了以前的一切，它們像是一層層的雲霧使我們看不到現前正在發生的事（夬）。唯有當我們不再根據過去的經驗及所獲得的結論來運作，才能跟隨自己的直覺智來行動（姤）。直覺智是當環境要我們有所行動時，來自內在的創意性的、自發性的心的聰明。直覺智源自於寧靜的頭腦，是一個片刻接一個片刻的當下創意性的、自發性的回應。

「直覺智」法則：過去主宰著我們，我們甚至無法看到眼前；我們的眼睛裝滿了以前的一切，它們像是一層層的雲霧使我們看不到現前正在發生的事（夬）。唯有當我們不再根據過去的經驗及所獲得的結論來運作，才能跟隨自己的直覺智來行動（姤）。

第二十五對:「生命提升」法則(澤地萃、地風升)

原理:宇宙森羅萬象之所以出現(萃),就是為了提升生命(升);生命的升進,就是宇宙森羅萬象的驅動力。眼睛可見的資源幾乎取之不竭,更不用說無形的資源,也必用之不盡(萃)。我們不會因為財富供應的短缺而處於貧窮。若從更深一層來看,宇宙是一個偉大的生命體,任何人只要運用某種法質思考和行動,就可以隨心所欲地主導無形的宇宙能量,然後持續造出更多樣化的眼前可見的事與物(升)。

「生命提升」法則:我們不會因為財富供應的短缺而處於貧窮,眼睛可見的資源幾乎取之不竭,更不用說無形的資源,也必用之不盡(萃)。若從更深一層來看,宇宙是一個偉大的生命體,任何人只要運用某種法質思考和行動,就可以隨心所欲地主導無形的宇宙能量,然後持續造出更多樣化的眼前可見的事與物(升)。

第二十六對:「絕對幸福」法則(澤水困、水風井)

原理:只要明白每個人都是為了成就幸福而降生到這個世上、幸福是唯一存在法則,生命便會變成一個片刻接一個片刻的幸福新發現。有如太陽一般的「絕對幸福」生命力,是我們的本性,它根本不受任何局限(井);即使我們變得滿載都是灰暗絕望的情緒、混亂消極的思想、生病極苦的身體(困),這些其實都只是外在的東面,根本對我們的本性不會造成任何障礙。「絕對幸福」生命力才是我們的本性、存在的核心,它是不可被摧毀的(井)。相對於我們的本性,甚致連我們自己的情緒、思想、身體都變成某種外在的東西;所以我們定然能夠切掉絕望的情緒、混亂消極的思想、生病極苦的身體那些不是我們的東西(困),而只留下我們真實的「絕對幸福」生命力本性;它們不是我們的敵人,它們只是在提醒我們要回歸到「絕對幸福」生命力這個源頭。任何事情都不能難倒一個認識了「絕對幸福」生命力的人。

「絕對幸福」法則:「絕對幸福」生命力才是我們的本性、存在的核心,它是不可被摧毀的(井)。相對於我們的本性,甚致連我們自己的情緒、思想、身體都變成某種外在的東西;所以我們定然能夠切掉絕望的情緒、混亂消極的思想、生病極苦的身體那些不是我們的東西(困),而只留下我們真實的「絕對幸福」生命力本性!任何事情都不能難倒一個認識了「絕對幸福」生命力的人。

第二十七對:「吸引力」法則(洊雷震、隨風巽)
原理:磁石內在含有一種特殊的東西,就是整齊排列的帶磁性的鐵分子,能令磁石內在具有磁性存在(震);這磁性是一種感應性的力量,能夠使宇宙充滿著其對所有鐵屑的吸引力,就好像在宇宙中充滿著一個磁性力場一樣(巽)。同樣地,我們可以把自己想像成是一塊磁石,透過把專注放在我們所想和感受到的那些想要的事物上,就好像把帶磁性的鐵分子整齊排列一般,能令我們擁有強大且充滿磁力的存在(震);這磁性是一種感應性的力量,能夠使宇宙充滿著其對那些我們想要的事物的吸引力,就好像在宇宙中充滿著一個磁性力場一樣(巽)。因此,我們想要的事物會被吸引到我們的體驗裡。

「吸引力」法則：透過把專注放在我們所想和感受到的那些想要的事物上，能令我們擁有強大且充滿磁力的存在（震）；這磁性是一種感應性的力量，能夠使宇宙充滿著其對那些我們想要的事物的吸引力，就好像在宇宙中充滿著一個磁性力場一樣（巽）。因此，我們想要的事物會被吸引到我們的體驗裡。

第二十八對：「説話力量」法則（麗澤兑、兼山艮）

原理：説話就是力量。「説話力量」能夠推動和引導我們，以塑造我們的未來。換句話説，我們在有意無意間仰賴著對我們宣説的話語而活。正面的説話能夠鼓勵人們要以喜悦、光明、愛和力量的方式去看待自己和他人（悦）。相反，負面的説話則能夠傷害我們，使我們墮落，或阻礙我們的發展；只要瞭解到「説話意味著對自己及他人的生活造成影響」，我們才會更小心地使用説話力量（艮）。因為説話是宇宙最有力量的功具之一，我們所説的每一句話語，都同樣具足吸引與創造的力量。所以，讓我們必須小心選擇話語，並且謹慎地説出口。

「説話力量」法則：正面的説話能夠鼓勵人們要以喜悦、光明、愛和力量的方式去看待自己和他人（悦）。相反，負面的説話則能夠傷害我們，使我們墮落，或阻礙我們的發展；只要瞭解到「説話意味著對自己及他人的生活造成影響」，我們才會更小心地使用説話力量（艮）。

第二十九對：「習慣力」法則（風山漸、雷澤歸妹）

原理：人是被習慣所塑造的，優異的結果來自於良好的習慣，而非一時的行動。所謂「習慣力」，就是指「能夠透過持續地做一件事來使它變成像每天刷牙般理所當然的習慣」的能力。擁有「習慣力」的人，只要持續良好的行動（漸），將此行動化為自己的好習慣，就可以順利改變自己的人生。但由於人體具有對抗新變化，維持現狀的傾向，所以一般沒有「習慣力」的人，不論做甚麼事都會因不能持續而放棄（歸妹），明明是好習慣，就是做不久；這不是由於意志不堅，而是因為不知道「無法持續」的理由及沒有掌握「習慣力」法則。

「習慣力」法則：擁有「習慣力」的人，只要持續良好的行動（漸），自然能夠將此行動化為自己的好習慣，會順利改變自己的人生。相反，沒有「習慣力」的人，做甚麼事都會因不能持續而放棄（歸妹）。

第三十對：「逆向思惟」法則（火山旅、雷火豐）
原理：善用成功的逆向思維：無關努力精進，不必刻苦力行（旅）；幸福我當下擁有，我今天就是成功人士（豐）。成功的逆向思維告訴我們，舊意識必須被放下，新意識會自然生起。舊意識強調努力，教我們「一分耕耘，一分收穫」，認為努力是全能。換句話說，第一是努力、第二是努力、第三還是努力。這個觀念源於我們並不自覺幸福，所以想以努力來換取幸福；可是，在不幸福的情形下，我們又怎可能過更好的日子呢？相反成功所需要的逆向思惟新意識是：認為自己是幸福的成功者，正在過著非常幸福的生活。有了這樣的想法，我們就已經是幸福的了；有了幸福的心態，我們才能用絕對安隱不動的態度付出。所以，成功的逆向思維其實在告訴我們「一分幸福，所以一分努力」。換言之，成功的逆向思惟所強調的是，將這個成功的過程顛倒過來：不要先營營役役，（旅）之後才過成功幸福生活，而是一開始就把自己當做成功者般過幸福生活（豐）。

「逆向思惟」法則：成功無關努力精進，不必刻苦力行（旅）；成功我當下擁有，今天我就是成功人士（豐）。

第三十一對：「時間投資」法則（風水渙、水澤節）

原理：時間是最重要的資源。在時間上人人每天都只有二十四小時，因此成功的大小是以時間運用方式來決定。愈能夠將時間用在有意義、生產力高、回報率高的地方（節），就愈能夠在短時間內獲得較大的成功；愈漫無目的地浪費時間在無意義、不重要也不緊急的地方（渙），就愈會落得一事無成。在這裡先要確立一個重要概念：「黃金時間」。「黃金時間」就是指用在有意義、生產力高、回報率高之地方的時間。從「時間投資」法則的角度來看，決定不做甚麼「緊急但不重要」之消費時間的事，更加不做甚麼「既不緊急也不重要」之白費時間的事。因為能夠把原來是浪費的時間改用來投資在「不緊急但對日後的生產力和回報率有益」的事，日後就能增加「黃金時間」；「黃金時間」增加愈多，我們的幸福感就愈大，成功也愈大。

「時間投資」法則：愈能夠將時間用在有意義、生產力高、回報率高的地方（節），就愈能夠在短時間內獲得較大的成功；愈漫無目的地浪費時間在無意義、不重要也不緊急的地方（渙），就愈會落得一事無成。「黃金時間」就是指用在有意義、生產力高、回報率高之地方的時間。能夠把原來是浪費的時間改用來投資在「不緊急但對日後的生產力和回報率有益」的事，日後就能增加「黃金時間」。

第三十二對：「大圓滿」法則（水火既濟、火水未濟）

原理：大圓滿是無所謂圓滿（既濟）與不圓滿（未濟）的。換言之，那根本不是圓滿（既濟）不圓滿（未濟）的問題。大圓滿是我們固有的本質，是心性的本來具足圓滿、宇宙的本來具足圓滿，是一種超越的境界；是讓生命能量變成一股流動、一種動力、一條河流。當我們全然地流動時，我們的存在便不再是一種靜止的圓滿或不圓滿狀態，我們的存在(being)便成了一種永久延續、連綿不絕的生生不息過程(becoming)。那不是一個圓滿不圓滿的問題，

因為我們已全然的活在純生命力裡、活在喜悦裡，我們已經變成大圓滿了，我們的大圓滿不會遺漏任何對象；即使身邊的事是不圓滿的，我們只要全然的活在純生命力裡、活在喜悦裡，不可思議的奇蹟就會發生。大圓滿用生生不息過程(becoming)取代了存在(being)，這改變了我們對生命圓滿（既濟）與不圓滿（未濟）的看法：一個契入大圓滿的人才是真正生命圓滿的人。

「大圓滿」法則：大圓滿是無所謂圓滿（既濟）與不圓滿（未濟）的。換言之，那根本不是圓滿（既濟）不圓滿（未濟）的問題。大圓滿是我們固有的本質，是心性的本來具足圓滿、宇宙的本來具足圓滿，是一種超越的境界！

## 《易經》簡易成功法門

《禮記•五經解》云：「潔靜精微，《易》之教也！」這本書所介紹的《易經》成功智慧，從「矛盾、統一」辯證思想與生活出發，與大家分享簡單而有效的提昇我們成功智商的方法，希望透過體證《易經》這個光明皎潔（潔）、平和安靜（靜）、絕對精純（精）、微妙不可思議（微）的辯證思想所開啓的宇宙精神力量之奧秘，自可達到《易經》「成功智慧」之核心或本質：「人人本來具足的光明皎潔（潔）、平和安靜（靜）、絕對精純（精）、微妙不可思議（微）的宇宙精神力量」。只要透過了解及遵循這個「矛盾、統一」不易法則，自可產生預期且明確的成果，最終都可怡然自得地擁有圓滿無缺之成功思想與生活。

　　《易經》更是直接開啟宇宙智慧精神力量的工具。在這追尋「如何成功」的智慧之道上，《易經》絕對能讓我們快速成長並向上提升，最終都可超然而完全斷絕一切矛盾對立，達觀所有一切事物，都是「元、亨、利貞」妙境總體中之內容，這就是「矛盾、統一」之妙智慧，亦是改變生命的答案；於「元、亨、利貞」妙境之中把矛盾對立克服與超越，心安住於此，便能懂得正確地要求，進而積極地採取行動，在行動中創造無限的驚人收穫，成就一切原本即屬於自己的一切，迎向幸福與富足的人生，當下具體活出生命之絕對意義與價值。

　　唯究竟通達《易經》「矛盾、統一」的成功思想與生活，才能使我們得到自在光明，並可按照自己的想法，夢想成真；並廣為他人宣說，使人免於各種的不足和局限，也使人從不幸、擔憂和煩惱中解脫。因為於「元、亨、利貞」妙境之中，這個世界根本上就沒有甚麼不能實現的夢想！

附錄四：修道真言（修行經典之一）

# 附錄四：

## 修道真言（修行經典之一）
### 宋・白玉蟾

凡參玄宗不難得手，難從性宗參入。如從此入，便得淵源。倘錯行路徑，如書空尋跡，披水覓路矣。

修玄之理，可以意會，不可以言傳，古人章句之中隱隱在焉。天不言而四時行，人身陰陽消息，人不能使之然也。

大道之妙，全在凝神處。凡聞道者，宜領此意求之。凝神得竅，則勢如破竹，節節應手。否則面牆而立，一步不能進。

學道之人，須要海闊天空，方可進德。心宜虛空，神宜安定，能使心不動，便可立丹基。

學道之人，以養心為主。心動神疲，心定神閒。疲則道隱，閒則道生。胸次浩浩，乃可載道。

邪說亂道久矣，采戰、燒汞、搬運皆邪道也。
年少者、不篤信者、遑遑趨利者，皆未易言此
道。欲修此道，先宗一淡字。

仙凡界、人鬼關，全在用功夫。然用功夫者，
如擒狡兔然，稍懈則兔縱，稍緊則兔死。須於
空虛中覓之，否則何足言功夫哉。

凡人心不內守，則氣自散。若能時時內觀，則
氣自斂，調養臟腑，久之神氣充足。古云：「常
使氣通關節透，自然精滿穀神存」。

靜時煉氣，動時煉心，下學之功畢矣。

須節慾。先天必須後天定。

動時茫茫，不如此心久在腔子裡。學道者要先
知收心法，再言靜功。

欲學玄功，須先時時瞑目，一日間靜坐幾刻，
再來問道。

聰明智慧不如愚，學人只因伶俐二字，生出意
見，做出許多壞事。今欲收拾身心，先從一個
愚字起。

天之生人，人之所以生而不死者，於穆不已也。人若無此不已，則氣絕矣。故天地以氣機存，人亦以氣機生。能煉住氣機，便與天地同壽，便不息了。不息則久，中庸言之矣。

定其心神，方可言道。要入玄關，須用定力。定則靜，靜則生。不但靜中能靜，必須動中能靜，方見功夫之力。神定，內一著也。事來心應，事去心止。氣定，外一著也。

語謹形正，語端氣峻。下學要緊處，全在正氣安神，忘心守口而已。

修道原從苦中來，但得清閒處便清閒，此即是道。且更須忙裡偷閒，故人能偷閒便有閒。不然，則終身無寧晷矣。

心乃一身之主，故主人要時時在家。一時不在，則百骸亂矣，所以學道貴恆。始勤終怠，或作或輟，則自廢也。

「四大威儀皆是假，一點靈光才是真。晦藏靈明無多照，方現真如不二身」，則此一點，如劍上鋒，如石中火，一現即去。故修養家，要養聖胎、孕嬰兒者，此也。功夫如不早做，及至精乾血枯，屈曲蒲團，有何益哉。

令人慕道者多矣，俗網牽人，是以道心不進。至人非不憫世，奈世人自糾葛何。今為學子脫此苦惱，略敷數言。夫心之動，非心也，意也。神之馳，非神也，識也。意多欲，識多愛。去此二賊，真性圓明。不欲何貪，不愛何求。無貪無求，性如虛空，煩惱妄想，皆不為累。再加煉氣，金丹可成，神仙可冀。

養氣只在收心。心在腔子裡，則氣存矣。

居塵不染塵，乃上品也。其次避之。

清靜二字是換骨法。

凡人能治心，便是道中人。若全消俗障，何患乎不成。

虛之又虛，與天合體。空空空，空中有實功。若還純寂滅，終是落頑空。

靜坐者，不在坐時靜，要在常時靜。

靈台不滅，慧覺常存，此道之至寶也。然無形無影，莫可明言。默以心會，不在外求。

神乃心之苗也。面色潤澤,方徵血氣沖和。總
要華池養得水足,意樹自然花開。

昔人教人,尋孔顏樂處。此樂非章句可能尋,
在天命也。心靜則神清,神清則氣和,始可得
之。

下手功夫疏不得,因循無益。得一刻,便做一
刻,念頭須時時返照此處。神到則氣到,氣到
則命堅。

敬慎二字,通天徹地。再無放心之人,能仙能
佛。

人生做事,業傳千古,不過此一點神光耳。然
神非精不能生,而精非靜不能養。欲至極虛極
靈地位,須煉此能生、能養功夫。

道心常現,則凡念自退。一時忘道,則起一時
之凡念。一念忘道,則起一念之凡情。須要時
時提醒。

人生若幻,須要尋著真身。天下無一件是實,
連此身也不是自家的,只這一點靈光。若無所
依,到滅度時,何所隨著,豈不哀哉。

焚香烹茶，是道也。即看山水雲霞，亦是道。
胸中只要浩浩落落，不必定在蒲團上求道。

學道是樂事。樂則是道，苦則非道。但此樂不
比俗人樂耳。

居塵世中應酬，最是妨道。人能於塵事少一
分，道力即進一分。幻緣不破，終無著處。

人當以聖賢自待，不可小視自己，則上達矣。
故天下未有不聖賢的神仙。

世人當知儉之道，儉於目可以養神，儉於言可
以養氣，儉於事可以養心，儉於欲可以養精，
儉於心可以出生死，是儉為萬化之柄。若不知
儉之道，惟以刻薄慳吝是趨，則於儉之道失之
遠矣。

無上妙道，原從沉潛幽靜中得來。若是一念紛
紜，則萬緣蔚起，身心性命，何日得了。一已
尚不能照應，何暇及他事哉。人須亟亟回首，
早登彼岸。

玄功不但要養氣足精，仍宜運髓補腦。傢俬攢聚到十分，方稱富足。倘身中稍有缺乏，便是空體面的窮漢子。分明一條好路，為何不走，可惜一個神仙闕，夜間難道也匆忙。

煩惱是伐性之斧，人當於難制處下功。若不將氣質變化完善，怎得成善士。

凡學道人，言語行事，必較世俗人要超脫些。若仍走俗人行徑，何貴乎學道。

學道先以變化氣質為主，再到與人接物上渾厚些，方是道器。

今之文人，只因理障，難以入道，不知道即孔孟之道。濂溪堯夫非此乎，不可專作道家看。要知儒與道是合一的。周邵二子，何嘗出家修行耶。今人將道作出世一派而畏之，何其誤也。

春桃多豔，是三冬蘊藏之真陽也。秋菊多黃，是三伏聚養之真陰也。此中玄理，意會者得之。

人為形質所累，年紀一到，則百節風生，四體皆痛。何必地獄，即此便是。倘平日少有靜動，詎可免此一段苦楚。故形為我所愛，我亦為形所累。若將此一段靈性，做到把握得住時，出生入死，總由我使喚。

學道者，首以清心寡慾為主。高枕茅簷，肆志竹窗，方是道家逸品。若紛紛逐逐，何異流俗。陶養性情，變化氣質，二語乃入門之始事也。

修道之人，未有不靜默者。粗心浮氣，一毫用不得。

有問前知者，答曰：「機從心生，事以理斷。以理斷事，人即神也。棄理問神，神亦不告。」

凡入玄門，只以靜性為主。如目前春庭新雨，四壁寂然，草木含春，暗藏長養。理會此中，就有個究竟，不必定以談玄為道。

人心如目也，纖塵入目，目必不安。小事入心，此心即亂。故學道只在定心。若心不定，即紙窗之微，為人扯破，必生怒忿；一針之細，為人去取，便生吝惜。又不徒以富貴亂心，得失分念，煩邪亂想，隨覺即除。毀譽善惡，聞即撥去，莫將心受。心受則滿，心滿則道無所居。要令聞見是非，不入於心。是心不外受，名曰虛心。使心不逐外，是名安心。心安而虛，道自來居。

仙經云：專精養神，不為物雜謂之清。反神復氣，安而不動謂之靜。制念以定志，靜身以安神，保氣以存精。思慮兼忘，冥想內觀，則身神並一。身神並一，則近真矣。

垢漸去而鏡明，心漸息而性澄。養成一泓秋水，我不求鏡物，而物自入我鏡中。

有諸內，必形諸外，一毫也假不得。前賢云：「山有美玉，則草木為之不凋。身有妙道，則形骸為之不敗。」故心有真功夫者，貌必有好顏色。

人心猶火也，弗戢將自焚。防微杜漸，總在一心。

天下人不難立志,最怕轉念富貴二字,是鉤人轉念的香餌。所以每每得道者,非貧寒,即大患難之後。何也,割絕塵累,回頭皆空。故孫真人注《惡疾論》曰:「神仙數十人,皆因惡疾而得仙道」,是塵緣都盡,物我俱忘,毫無轉念,因禍得福也。

凡修道之人,一手握住此物,行住坐臥,不為外動,安如泰山,不動不搖。緊閉四門,使十三賊人,不得外入,身中之寶,不使內出。日日如此,何必頂禮求真仙,便是蓬萊第一座。

玄修與釋家不同,釋家呼此形骸為臭皮囊。道家入門,全要保此形體。故形為載道之車,神去形即死,車敗馬即奔。

大道之傳,原自不難,是世人錯走路頭,做得如此費力。豈不聞「大道不遠在身中,萬物皆空性不空。性若空時和氣注,氣歸元海壽無窮」。又曰:「欲得身中神不出,莫向靈台留一物,物在身中神不清,耗散真精道難得。」

「一念動時皆是火,萬緣寂處即生真」,此守中之規也。進道之要,無如問心。故云:「學道先須識自心,自心深處最難尋。若還尋到無尋處,始信凡心即道心。」

學道性要頑純，毋用乖巧。其要總在將心放在何思何慮之地，不識不知之天，此大道之總綱也。

捷徑之法，推守此一心。陽氣不走，相聚為元海。

夫道未有不探討而得者。即三教聖人語錄，無非發天地之秘密，接引後學階梯。細心玩味，便知端的。

有問靜功拿不住者，答曰：「萬緣寂處，即是仙界。此時誠一不二，龍可拿，虎可捉。若云無拿處，仍是未空。」

光景倏忽，魯戈難留，那還禁得執著。自一身推之，吾一身即天地，天地即吾一身，天下之人即吾，吾即天下之人。不分人我，方是入道之器。倘少分芥蒂，即差失本來。

凡有志修道者，趁得一時間光陰，便進步用功夫去，將精氣神做到混合而為一的時節，以待事機之來。不可望事全方下手，是自虛時日也。悠悠忽忽，日復一日，白駒易過，幾見揮戈。

三界之中，以心為主。心能內觀，即一時為塵垢所染，終久必悟大道。若心不能內觀，究竟必落沉淪。故《道德經》首章曰「常有欲以觀其竅」者，觀此竅也。「常無慾以觀其妙」者，現此竅中之妙也。太上曰：「吾從無量劫中以來，存心內觀，以至虛無妙道。」學子既欲潛心，先去內觀，待心中如秋潭浸明月，再談進步。

初入玄關者，不用他求，自今日始，要無漏精夜，便是登仙梯航，便是結嬰種子。

修道功夫，如抽蕉剝筍，層層求進，必至頭方止。

學道人全要斂藏，最忌明察。故曰：「人不藏，不能得道之要。」

萬事萌芽，在乎一心。心動則機動，機動則神明而合之。故曰，至誠之道，可以前知，神而明之，存乎其人。

修道總是煉得一個性。有天命之性，有氣質之性。本來虛靈，是天命之性。日用尋常，是氣質之性。今一個天命之性，都為氣質之性所掩。若煉去氣質之性，即現出天命之性，而道自得矣。

先天一炁，本屬無形，妙能生諸有形，所以為生天、生地、生人、生物之根本也，而道之源頭在是矣。

真言數段，性體、性源，將歷來聖賢未洩之天機，不惜一口道盡。然理雖載於書，法仍傳於口，必待聖師口訣真傳，下手方有著落。學人切勿自作聰明可也。

# 附錄五：陰符經（修行經典之二）

# 附錄五：

## 陰符經（修行經典之二）

### 上篇

觀天之道，執天之行，盡矣！天有五賊，見之者昌。五賊在心，施行於天。宇宙在乎手，萬化生乎身。天性，人也。人心，機也。立天之道，以定人也。天發殺機，移星易宿；地發殺機，龍蛇起陸；人發殺機，天地反覆；天人合發，萬化定基。性有巧拙，可以伏藏。九竅之邪，在乎三要，可以動靜。火生於木，禍發必克。奸生於國，時動必潰。知之修煉，謂之聖人。

### 中篇

天生天殺，道之理也。天地，萬物之盜。萬物，人之盜。人，萬物之盜。三盜既宜，三才既安，故曰：「食其時，百骸理；動其機，萬化安。」人知其神而神，不知不神之神而所以神。日月有數，小大有定，聖功生焉，神明出焉。其盜機也，天下莫能見，莫能知。君子得之固窮，小人得之輕命。

# 下篇

瞽者善聽，聾者善視。絕利一源，用師十倍。三反晝夜，用師萬倍。心生於物，死於物，機在目。天之無恩，而大恩生。迅雷烈風，莫不蠢然。至樂性餘，至靜性廉。天之至私，用之至公。禽之制在氣。生者死之根，死者生之根。恩生於害，害生於恩。愚人以天地文理聖，我以時物文理哲；人以愚虞聖，我以不愚虞聖；人以其奇期聖，我不以奇期聖。沉水入火，自取滅亡。自然之道靜，故天地萬物生。天地之道浸，故陰陽勝。陰陽相推，而變化順矣。是故聖人知自然之道不可違，因而制之。至靜之道，律曆所不能契。爰有奇器，是生萬象，八卦甲子，神機鬼藏，陰陽相勝之術，昭昭乎進於象矣。

# 陰符經注

## 悟元子　劉一明

## 陰符經注序

　　陰符經三百餘字，其言深奧，其理精微，鑿開混沌，剖析鴻濛，演造化之秘，闡性命之幽，為古今來修道第一部真經。唐陸龜蒙謂黃帝所著，宋陳淵謂黃帝受於廣成子，朱文公亦謂黃帝著，邵堯夫謂戰國時書，程伊川又謂非商末即週末時書。其說紛紛，各述所知，究無定見。以予論之，世皆傳為黃帝陰符經，丹經子書，俱謂陰符經系黃帝所作，考之文字，始於黃帝，興于唐虞夏商，或者黃帝譔作，口口相傳，不記文字，後世成真仙侶，筆之於書，流傳世間，亦未可定。就其世傳之說，丹經之載，謂黃帝著之，亦無不可，但此書沿訛已久，苦無善本，字句差錯者極多，或借驪山老姥百言演道、百言演法、百言演術之說，紊亂聖道，以盲引盲；更有借伊呂張果子房孔明注語欺世惑人者，似此魚目混珠，指鹿為馬，大失真經妙旨。予於乾隆四十四年，歲次己亥，於南台深處，取諸家注本，校正字句，細心斟酌，略釋數語，述其大意，掃邪救正，以破狂言亂語之弊，高明者自能辨之。

時大清嘉慶三年歲次戊午九月九日棲雲山素樸散人悟元子劉一明敘於自在窩中

## 陰符經注解跋

陰符經者，黃帝演道書也。而談兵之家，視為天時孤虛旺相之理，人事進退存亡之因，即緇黃之流，淺窺聖經，謬為注疏者亦不少，不幾誤璞為鼠，以青作黃乎？我悟元老師，造性命之精，證天人之奧，體古聖覺世之婆心，思發其覆，憫後學窮理而無門，詳為之解，掃諸說之悖謬，詮陰符之肯綮，其中盡性至命之學，有為無為之理，靡不詳明且備，將數千年埋沒之陰符，至今原旨畢露，而無餘蘊矣。經雲：觀天之道，執天之行，盡矣。僕則曰：聖經之精，聖道之微，盡矣。

大清嘉慶三年歲次戊午九月九日受業門人王附青雲峰甫沐手敬題

軒轅黃帝著洮陽門人張陽全校閱
悟元子劉一明注
後學陶鑄靈重刊

　　陰者，暗也，默也，人莫能見，莫能知，而己獨見獨知之謂；符者，契也，兩而相合，彼此如一之謂；經者，徑也，道也，常也，常行之道，經久不易之謂。陰符經即神明暗運，默契造化之道。默契造化，則人與天合，一動一靜，皆是天機，人亦一天矣。上中下三篇，無非申明陰符經三字，會得陰符經三字，則三篇大意可推而知矣。

## 上篇

### 觀天之道，執天之行，盡矣。

　　性命之道，一天道也。天之道，陰陽之道耳。修道者能知天道之奧妙，而神明默運，竊陰陽之氣，奪造化之權，可以長生不死，可以無生無死，然其最要處，則在能觀能執耳。何謂觀？格物致知之為觀，極深研幾之為觀，心知神會之為觀，迴光返照之為觀，不隱不瞞之為觀；何謂執？專心致志之為執，身體力行之

為執，愈久愈力之為執，無過不及之為執，始終如一之為執。觀天道，無為之功，頓悟也，所以了性；執天行，有為之學，漸修也，所以了命。能觀能執，用陰陽之道以脫陰陽，依世間法而出世間，性命俱了，心法兩忘，超出天地，永劫長存，只此二句，即是成仙成佛之天梯，為聖為賢之大道，外此者，皆是旁門曲徑，邪說淫辭，故曰盡矣。

## 天有五賊，見之者昌。

五賊者，金木水火土也。天以陰陽五行化生萬物，氣以成形，而人即受此氣以生以長，但自陽極生陰，先天入於後天，五行不能和合，自相賊害，各一其性，木以金為賊，金以火為賊，火以水為賊，水以土為賊，土以木為賊，是謂天之五賊也。惟此五賊，百姓日用而不知，順行其氣，以故生而死，死而生，生死不已。若有見之者，逆施造化，顛倒五行，金本克木，木反因之而成器；木本克土，土反因之而生榮；土本克水，水反因之而不泛；水本克火，火反因之而不燥；火本克金，金反因之而生明；克中有生，五賊轉而為五寶，一氣混然，還元返本，豈不昌乎！

**五賊在心，施行於天。宇宙在乎手，萬化生乎身。**

人秉五行之氣而生身，身中即具五行之氣。然心者身之主，身者心之室，五賊在身，實在心也。但心有人心道心之分；人心用事，則五賊發而為喜怒哀樂欲之五物；道心用事，則五賊變而為仁義禮智信之五德。若能觀天而明五行之消息，以道心為運用，一步一趨，盡出於天而不由人，宇宙雖大，如在手掌之中；萬化雖多，不出一身之內；攢五行而合四象，以了性命，可不難矣。

**天性人也，人心機也，立天之道，以定人也。**

天性者，天賦之性，即真如之性，所謂真心，不識不知，順帝之則，而人得以為人者是也；人心者，氣質之性，即知識之性，所謂機心，見景生情，隨風揚波，而人因之有生有死者是也。天性者，天機，即是天道；人心者，人機，即是人道。守天機者存，順人機者亡。惟大聖人觀天道，執天行，中立不倚，寂然不動，感而遂通，修真性而化氣性，守天道而定人心，不使有一毫客氣雜於方寸之內也。

**天發殺機，移星易宿；地發殺機，龍蛇起陸；人發殺機，天地反覆；天人合發，萬化定基。**

殺機者，陰肅之氣，所以傷物也；然無陰不能生陽，非殺無以衛生，故天之殺機一發，則周而復始，而星宿移轉，斗柄回寅；地之殺機一發，則剝極而複，龍蛇起陸，靜極又動；惟人也亦俱一天地也，亦有此陰陽也，若能效天法地，運動殺機，則五行顛倒而地天交泰，何則？人心若與天心合，顛倒陰陽只片時。天時人事合而一之，則萬物變化之根基即於此而定矣。中庸所謂致中和，天地位焉，萬物育焉者，即此也。

**性有巧拙，可以伏藏。**

人秉陰陽之氣以成形，具良知良能以為性，性無不善，而氣有清濁。秉氣清者為巧，秉氣濁者為拙。性巧者多機謀，性拙者多貪癡。巧性拙性皆系氣質之性，人心主事，非本來之天性。修真之道，采先天，化後天，而一切巧拙之性，皆伏藏而不用矣。

## 九竅之邪，在乎三要，可以動靜。

九竅者，人身上七竅，下二竅也；三要者，耳目口也。人身九竅皆受邪之處，而九竅之中，惟耳目口三者為招邪之要口，耳聽聲則精搖，目視色則神馳，口多言則氣散，精氣神一傷，則全身衰敗，性命未有不喪者。人能收視，返聽，希言，閉其要口，委志虛無，內念不出，外念不入，精氣神三品大藥凝結不散，九竅可以動，可以靜，動之靜之，儘是天機，並無人機，更何有邪氣之不消滅哉！

## 火生於木，禍發必克；奸生於國，時動必潰。知之修煉，謂之聖人。

火喻邪心，木喻性，奸譬陰惡，國譬身。木本生火，火發而禍及木，則木克；邪生於心，邪發而禍及心，則性亂；國中有奸，奸動而潰其國，則國亡；陰藏於身，陰盛而敗其身，則命傾；身心受累，性命隨之，於此而知潛修密煉，觀天道，執天行，降伏身心，保全性命，不為後天五行所拘者，非聖人其誰與歸？

中篇

**天生天殺，道之理也。**

天道陰陽而已，陽主生，陰主殺，未有陽而不陰，生而不殺之理。故春生夏長秋斂冬藏，四時成序，周而復始，迴圈不已，互古如是也。

**天地，萬物之盜；萬物，人之盜；人，萬物之盜。三盜既宜，三才既安。故曰：「食其時，百骸理；動其機，萬化安。」**

天以始萬物，地以生萬物，然既生之，則又殺之，是天地即萬物之盜耳；世有萬物，人即見景生情，恣情縱欲，耗散神氣，幼而壯，壯而老，老而死，是萬物即人之盜耳；人為萬物之靈，萬物雖能盜人之氣，而人食萬物精華，借萬物之氣生之長之，是人即萬物之盜耳。大修行人，能奪萬物之氣為我用，又能因萬物盜我之氣而盜之，並因天地盜萬物之氣而盜之，三盜歸於一盜，殺中有生，三盜皆得其宜矣。三盜既宜，人與天地合德，並行而不相悖，三才亦安矣。三才既安，道氣長存，萬物不能屈，造化不能拘矣。然此盜之秘

密，有一時之功，須要不先不後，不將不迎，不可太過，不可不及，坎來則離受之，彼到而我待之，陽複以陰接之，大要不失其時，不錯其機，故曰，食其時，百骸理，動其機，萬化安。食其時者，趁時而吞服先天之氣也；動其機者，隨機而扭轉生殺之柄也。食時則後天之氣化，百骸皆理，可以全形；動機則先天之氣複，萬化俱安，可以延年。時也機也，難言也。要知此時即天時，此機即天機，苟非深明造化，洞達陰陽者，烏能知之？噫！八月十五翫蟾輝，正是金精壯盛時，若到一陽才起處，便宜進火莫延遲。

### 人知其神而神，不知不神之神而所以神。

古今學人，皆認昭昭靈靈之識神，以為本來之元神，故著空執相，千奇百怪，到老無成，有死而已，殊不知此神為後天之神，而非先天之神，乃神而實不神者。先天之神，非色非空，至無而含至有，至虛而含至實，乃不神之神，而實至神者。奈何世人只知後天之神而神，甘入於輪回，不知先天不神之神，能保乎性命，無怪乎萬物盜我之氣而罔覺也。

日月有數，小大有定，聖功生焉，神明出焉。其盜機也，天下莫能見，莫能知。君子得之固窮，小人得之輕命。

人之所以能盜天地萬物之氣者，以其天地萬物有定數焉；天地萬物不能盜人之氣者，以其聖道無形無象焉。如日月雖高，而有度數可推，日則一年一周，天有春夏秋冬之可見；月則三十日一周，天有盈虛朔望之可窺，大為陽，小為陰，陽極則生陰，陰極則生陽，大往小來，小往大來，陰陽迴圈，乃一定不易之道。至人於此推陰陽造化之消息，用功於一時辰內，采鴻濛未判之氣，以為丹母，奪天地虧盈之數，以為命基，先天而天弗違，後天而奉天時，聖功於此而生，神明於此而出，此功此明，其盜機也，雖天鬼神不可得而測度，而況於人乎！天下烏得而見，烏得而知？如其能見能知，安能盜之？此其所以為聖，此其所以為神。是道也，非忠臣孝子大賢大德之人不能知，非烈士丈夫俯視一切萬有皆空者不能行。果是真正修道君子，得意忘言，大智若愚，大巧若拙，不到了性了命之後，不肯洩漏圭角，固窮而如無知者也。至於薄福小人，偶嘗滋味，自滿自足，又不自重性命，無而為有，虛而為盈，約而為泰，適以自造罪過，非徒無益，而又害之矣。

## 下篇

瞽者善聽，聾者善視。絕利一源，用師十倍。三返晝夜，用師萬倍。

瞽者善於聽，非善聽也，以目無所見，而神藏於耳，故其聽也聰；聾者善於視，非善視也，以耳無所聞，而氣運於目，故其視也明。即此二者以觀，閉目而耳聰，塞耳而目明，況伏先天之氣，舍假修真，存誠去妄者，何患不能長生乎？清靜經曰：眾生所以不得真道者，為有妄心；既有妄心，即驚其神；既驚其神，即著萬物；既著萬物，即生貪求，即是煩惱，煩惱妄想，憂苦身心，便遭濁辱，流浪生死，常沉苦海，永失真道。妄想貪求，乃利之源也，人能絕此利之一源，則萬有皆空，諸慮俱息，勝於用師導引之功十倍，又能再三自返，存誠去妄，朝乾夕惕，晝夜殷勤，十二時中，無有間斷，漸歸於至善無惡之地，勝於用師導引之功萬倍。蓋師之功，能革其面，而不能革其心；能與人規矩，而不能使人巧；絕利自返，正心地下功，戒慎恐懼於不睹不聞之處，師力焉得而及之？至聖雲：一日克己復禮，天下歸仁焉。為仁由己，而由人乎哉？正此節妙諦。

**心生於物，死於物，機在目。**

心如主人，目如門戶。本來真心，空空洞洞，無我無人無物，與太虛同體，焉有生死，其有生死者，後天肉團之心耳。心不可見，因物而見，見物便見心，無物心不現。是主人或生或死，物生之，物死之，其所以使物生死心者，皆由目之開門揖盜耳。蓋目有所見，心即受之，是心生死之機，實在目也。人能返觀內照，外物無由而受，生死從何而來？古人雲：滅眥可以卻老，此至言也。

**天之無恩，而大恩生。迅雷烈風，莫不蠢然。至樂性餘，至靜性廉。**

天至高而萬物至卑，天與物相遠，似乎無恩於物矣。殊不知無恩之中而實有大恩生焉。天之氣鼓而成雷，噓而成風，迅雷震之而萬物發生，烈風吹之而萬物榮旺。發生榮旺，萬物皆蠢然無知，出於自然，此無恩而生大恩，天何心哉？故至樂者，萬物難屈，無拘無束，性常有餘；至靜者，萬物難移，無貪無愛，性常廉潔。樂者無心於余而自餘，靜者無心於廉而自廉，亦如天之無恩而有大恩。無心之用，神矣哉！

## 天之至私，用之至公，禽之制在氣。

天之道行於無象，運於無形，為物不貳，其至私與。然其四時行而萬物生，其用又至公焉。推其奧妙，其一氣流行，禽制萬物乎？禽者，擒也，統攝之謂；制者，造作之謂；言統攝萬物，製造萬物，在乎一氣也。一氣上升，萬物皆隨之生長，一氣下降，萬物皆隨之斂藏，生長斂藏，總是一氣擒制之，一本散而為萬殊，萬殊歸而為一本。私而公，公而私，非私非公，即私即公，一氣流行，迴圈無端，活活潑潑的也。

## 生者死之根，死者生之根。恩生於害，害生於恩。

天道生物，即是一氣。上下運用一氣，上為陽，下為陰。陽者，生也，恩也；陰者，死也，害也。然有生必有死，有死必有生，是生以死為根，死以生為根也；有恩必有害，有害必有恩，是恩在害生，害在恩生也。若人死裏求生，則長生而不死，人能害裏尋恩，則有恩而無害，出此入彼，可不慎乎！

## 愚人以天地文理聖，我以時物文理哲；

　　愚人不知生死恩害，是天地造化迴圈之秘密，直以天地文理為聖矣。我則謂天文有象，地理有形，著之於外者，可見可知，未足為天地之聖。若夫時物之文理，無象無形，乃神運之道，藏之於內者，不可見，不可知，正天地之所以為哲也。蓋物有時而生，有時而死。當生之時，時生之，不得不生；當死之時，時死之，不得不死。生者，恩也，死者，害也，生而死，死而生，恩而害，害而恩，生死恩害，皆時運之，亦無非天地神道運之。天地神道不可見，因物以見之，觀於物之生死有時，而天地神道之明哲可知矣。

**人以愚虞聖，我以不愚虞聖；人以其奇期聖，我以不奇期聖。**

性命之道，始於有作人難見，及至無為眾始知。故古來修真上聖，當有作之時，黜聰毀智，韜明養晦，斡天關，回斗柄，采藥物於恍惚杳冥之鄉，行火候於無識無知之地，委志虛無，神明默運，雖天地鬼神，不可得而測度，而況於人乎？乃人不知其中奧妙，或以愚度聖人，彼豈知良賈深藏，若虛而實有，不愚之運用乎？當無為之時，和光同塵，積功修德，極往知來，一叩百應，神通廣大，智慧無邊，而人或以奇期聖人，彼豈知真常應物，而實非奇異之行藏也。聖人不愚，亦如時物文理之哲，聖人不奇，亦如天地文理不聖。聖人也，所參天地之化育，而德配天地者也。

**沉水入火，自取滅亡。**

人之慳貪恩愛，如水淵也；酒色財氣，如火坑也。一切常人，不窮天地造化之道，不究聖功性命之學，自暴自棄，以假為真，以苦為樂，沉於水淵而不知，入於火坑而不曉，自取滅亡，將誰咎乎？

**自然之道靜，故天地萬物生。天地之道浸，故陰陽勝。陰陽相推，而變化順矣。**

大道無形，生育天地；大道無名，長養萬物。無形無名，自然至靜之道。然靜者動之基，靜極而動，天地萬物即於此而生焉。一生天地，而天地即得自然之道以為道，故天地之道浸。浸者，浸潤漸入之謂，亦自然之義。惟其浸潤自然，動不離靜，靜不離動，一動一靜，互為其根，故陰陽勝。動為陽，靜為陰，動極而靜，靜極而動，陰極生陽，陽極生陰，陰陽相推，四時成序，萬物生成，或變或化，無不順之，造物者豈有心於其間哉？蓋以自然之道無形，無形而能變化，是以變化無窮也。

是故聖人知自然之道不可違，因而制之。至靜之道，律曆所不能契。爰有奇器，是生萬象，八卦甲子，神機鬼藏。陰陽相勝之術，昭昭乎進於象矣。

　　聖人者，與天地合其德者也。惟與天地合德，故不違天地自然之道，因而裁制變通，與天地同功用。何則？自然之道，非色非空，至無而含至有，至虛而含至實，有無兼該，虛實並應者也。故以言其無，則虛空一氣，無聲無臭，其為道也至靜，靜至於至，雖律曆之氣數，有所不能契。夫律曆能契有形，不能契無形，至靜則無形矣，律曆焉得而契之？【凶／比】陵師所謂有物先天地，無名本寂寥者是也。以言其有，則造化不測，包羅一切，其為器也最奇，器至於奇，是謂神器。神也者，妙萬物而為言者也。故萬象森羅，八卦相盪，甲子迴圈，神之伸機，鬼之屈藏，無不盡在包容之中。【凶／比】陵師所謂能為萬象主，不逐四時凋者是也。靜道者，無名天地之始；神器者，有名萬物之母。老子所謂無欲以觀其妙者，即觀其始也；有欲以觀其竅者，即觀其母也。非有不能成無，非觀竅難以觀妙。觀妙之道，萬有皆空，無作無為；觀竅之道，陰陽變化，有

修有證。聖人不違自然之道，因而制之，觀天道，執天行，從後天中返先天，在殺機中盜生機，顛倒五行，逆施造化，以陰養陽，以陽化陰，陽健陰順，陰陽混合，由觀竅而至觀妙，由神器而入至靜，由勉強而抵自然，有無一致，功力悉化，陰陽相勝之術，昭昭乎進於色象之外矣。要知此術非尋常之術，乃竊陰陽、奪造化之術，乃轉璿璣、脫生死之術。昔黃帝修之，而乘龍上天；張葛許修之，而超凡入聖；以至拔宅者八百，飛升者三千，無非由此道而成之。籲！陰符經三百餘字，句句甘露，字字珠玉，示性命不死之方，開萬世修真之路，天機大露，後世丹經子書，雖譬喻千般，無非申明陰陽相勝之術，有志者若見此經，誠心敬閱，求師一訣，倘能直下承當，大悟大徹，勤而行之，以應八百之讖，有何不可？

智理文化系列

# 增修八字面相學

作者
**覺慧居士**

增修
**溫民生**

編輯
**雷勝明**

美術統籌
**莫道文**

美術設計
**曾慶文**

出版者
**資本文化有限公司**
地址：香港中環康樂廣場1號怡和大廈24樓2418室
電話：(852) 28507799
電郵：info@capital-culture.com
網址：www.capital-culture.com

鳴謝
**宏天印刷有限公司**
地址：香港柴灣利眾街40號富誠工業大廈A座15字樓A1, A2室
電話：(852) 2657 5266

承印者
**資本財經印刷有限公司**

出版日期
二〇一八年六月第一次印刷